יֵשׁ לָנוּ לָמָה

הַסֵּפֶר הַשֵּׁנִי

חוֹבֶרֶת עֲבוֹדָה

מאת:

אדית לוי ורדה כהן

כרמי קוברין ברברה רידברג

מאיירת: קתי קן מדפיסה: ורדה נוביץ

שֵׁם: _____

© COPYRIGHT 1995 BY CHARLES E. SMITH JEWISH DAY SCHOOL
PUBLISHED BY BEHRMAN HOUSE, INC.
235 Watchung Avenue, West Orange, New Jersey 07052
ISBN 0-87441-591-8
MANUFACTURED IN THE UNITED STATES OF AMERICA

◇ 1 הַיְלָדִים הוֹלְכִים הַבַּיְתָה

הוֹלְכוֹת	הוֹלְכִים	הוֹלֶכֶת	הוֹלֵךְ

בְּחַר:    כְּתֹב:

1. דָּנִי   הוֹלֵךְ   אֶל   כִּסֵּא .

2. שָׂרָה וְרוֹנִית   אֶל

3. עַלִיזָה   אֶל

4. מֵאִיר וְנָעֳמִי   אֶל

5. יַלְדָּה   אֶל

6. אוֹרִית וְיָעֵל   אֶל

7. הוּא   אֶל

8. עֹפֶר וְדָנִי   אֶל

9. יְלָדוֹת   אֶל

10. הוּא   אֶל

כִּתָּה כַּדּוּר שֻׁלְחָן פַּח בַּיִת שִׁירֵי מוֹרָה לוּחַ דֶּלֶת כִּסֵּא

⟨١⟩ הַיְלָדִים הוֹלְכִים הַבַּיְתָה

בּוֹאוּ!

בּוֹאִי! שֶׁלִּי

בּוֹא!

 כְּתֹב:

בְּחַר:

שֶׁלִּי _____	_____ הַכִּתָּה	אֶל _____	1. דָּנִי, בּוֹא _____
_____	ה _____	אֶל _____	2. נָעֳמִי, _____
_____	הָ _____	אֶל הָ _____	3. מֵאִיר וְעֹפֶר, _____
_____	ה _____	אֶל _____	4. דָּנִי וְשִׁירִי, _____
_____	ה _____	אֶל _____	5. יַלְדָּה, _____
_____	ה _____	אֶל _____	6. יֶלֶד, _____
_____	ה _____	אֶל _____	7. יֶלֶד וְיַלְדָּה, _____
_____	ה _____	אֶל _____	8. שִׁירִי, _____

מוֹרָה   חֲבֵרִים   אוֹטוֹבּוּס   שֻׁלְחָן   כִּתָּה   בַּיִת   לָמָּה   כַּדּוּר

4

◇2 הָאוֹטוֹבּוּס הַצָּהֹב שֶׁל בֵּית־הַסֵּפֶר

גְּדוֹלוֹת	גְּדוֹלִים	גְּדוֹלָה	גָּדוֹל

אוֹטוֹבּוּס

כְּתֹב: הַתְאֵם:

1. אוֹטוֹבּוּס גָּדוֹל עַל־יַד בַּיִת קָטָן.
2. דָּנִי הוֹלֵךְ אֶל הָאוֹטוֹבּוּס הַגָּדוֹל.
3. יְלָדִים עוֹמְדִים עַל־יַד הָאוֹטוֹבּוּס.
4. הַיְלָדִים יוֹשְׁבִים בָּאוֹטוֹבּוּס.
5. שִׁירִי פּוֹחֶדֶת מִן הָאוֹטוֹבּוּס הַגָּדוֹל.
6. תַּלְמִידָה עַל־יַד הָאוֹטוֹבּוּס הַקָּטָן.

◇2 הָאוֹטוֹבּוּס הַצָּהֹב שֶׁל בֵּית-הַסֵּפֶר

עֲנֵה:  כְּתֹב:

1. מִי הוֹלֵךְ אֶל הָאוֹטוֹבּוּס הַצָּהֹב שֶׁל בֵּית-הַסֵּפֶר?

_____

_____

2. מִי אוֹמֵר: שִׁירִי, בּוֹאִי, בּוֹאִי אֶל הָאוֹטוֹבּוּס?

_____

_____

3. מִי רוֹאָה אֶת הָאוֹטוֹבּוּס שֶׁל בֵּית-הַסֵּפֶר?

_____

_____

4. מִי פוֹחֶדֶת מִן הָאוֹטוֹבּוּס שֶׁל בֵּית-הַסֵּפֶר?

_____

_____

5. לָמָּה שִׁירִי פוֹחֶדֶת מִן הָאוֹטוֹבּוּס?

_____

_____

6. מִי אוֹמֵר: בּוֹאִי, שִׁירִי, בּוֹאִי בְּבַקָּשָׁה אֶל הָאוֹטוֹבּוּס?

_____

_____

7. מִי אוֹמֶרֶת: אֲנִי לֹא רוֹצָה ... אֲנִי פוֹחֶדֶת?

_____

_____

8. מִי רוֹאָה אֶת הַיְלָדִים יוֹשְׁבִים בָּאוֹטוֹבּוּס?

_____

_____

הוּא - הִיא

בְּחַר:  כְּתֹב:

1.   רוֹנִית (הִיא) הוֹלֶכֶת הַבַּיְתָה.

2.   דָּנִי (_____) רוֹצֶה לָלֶכֶת הַבַּיְתָה.

3.   שִׁירִי (_____) עוֹמֶדֶת בַּכִּתָּה.

4.   שִׁירִי הַלָּמָה (_____) הוֹלֶכֶת עִם דָּנִי.

5.   דָּנִי (_____) אוֹמֵר: בּוֹאִי, שִׁירִי, בּוֹאִי בְּבַקָּשָׁה.

6.   שִׁירִי (_____) פּוֹחֶדֶת מִן הָאוֹטוֹבּוּס הַגָּדוֹל.

7.   יַלְדָּה (_____) רוֹצָה לָלֶכֶת הַבַּיְתָה.

8.   יָעֵל (_____) רוֹאָה אֶת הָאוֹטוֹבּוּס.

9.   עֹפֶר (_____) לֹא פּוֹחֵד מִן הַלָּמָה.

10. הַמּוֹרָה (_____) רוֹאָה אֶת הַיְלָדִים יוֹשְׁבִים בָּאוֹטוֹבּוּס.

11. הַיֶּלֶד (_____) בָּא אֶל שִׁירִי.

12. נָעֳמִי (_____) עֲצוּבָה, כִּי הַיְלָדִים הוֹלְכִים הַבַּיְתָה.

| יוֹשֵׁב | יוֹשֶׁבֶת | יוֹשְׁבִים | יוֹשְׁבוֹת |

כְּתֹב:  הַשְׁלֵם: בְּחַר:

א. דָּנִי <u>יוֹשֵׁב</u> עַל-יַד הַנֶּהָג.
ב. הוּא לֹא _____ עַל-יַד הַיַּלְדָּה.
✓ ג. הִיא _____ עַל-יַד הַנֶּהָג.

✓ הִיא   יוֹשֶׁבֶת   עַל-יַד הַנֶּהָג.

א. יְלָדוֹת _____ עַל-יַד הַבַּיִת.
ב. הֵן _____ עַל-יַד הַכַּדּוּר.
ג. יְלָדוֹת לֹא _____ עַל-יַד הַבַּיִת.

א. יַלְדָּה _____ בָּאוֹטוֹבּוּס הַגָּדוֹל.
ב. הַנֶּהָג _____ בָּאוֹטוֹבּוּס הַצָּהֹב.
ג. יֶלֶד _____ עַל-יַד הַיְלָדִים.

שִׁירִי וְהַיְלָדִים יוֹשְׁבִים בָּאוֹטוֹבּוּס

לַעֲזֹר לִי

הַשְׁלֵם: ⏱   כְּתֹב:

1. דָּנִי _____ רוֹצֶה _____ לַעֲזֹר _____ לִי
2. אוֹרִית _____ רוֹצֶה
3. יְלָדִים
4. יָעֵל וְשָׂרָה

הַשְׁלֵם: ⏱   כְּתֹב:

1. הִיא _____ רוֹצֶה _____ לַעֲזֹר _____ לַיְלָדִים.
2. הַנֶּהָג _____ לְשִׁירִי.
3. רוֹנִית וְשָׂרָה _____ לַמּוֹרָה.
4. הֵם _____ לְמֵאִיר.

הַשְׁלֵם: ⏱   כְּתֹב:

1. מִי _____ רוֹצֶה _____ לִי?
2. מִי _____ לְשִׁירִי?
3. _____ לְמֵאִיר?
4. _____ לְ_____?

3 ◇ שִׁירִי וְהַיְלָדִים יוֹשְׁבִים בָּאוֹטוֹבּוּס

עוֹלוֹת	עוֹלִים	עוֹלָה	עוֹלֶה

בְּחַר: כְּתֹב:

_____   _____   _____   _____

                     עוֹלָה

הַשְׁלֵם: כְּתֹב:

1. דָּנִי וְשָׂרָה _____ עוֹלִים _____ עַל _____ הַכִּסֵּא.

2. אוֹרִית וְנָעֳמִי _____ _____ _____ הַ

3. הֵם _____ _____ _____ הַ

4. הוּא _____ _____ _____ הַ

5. הִיא _____ _____ _____ הַ

6. יֶלֶד _____ _____ _____ הַ

לָמָּה שֻׁלְחָן פַּח בַּיִת אוֹטוֹבּוּס כִּסֵּא

10

| נוֹסֵעַ | נוֹסַעַת | נוֹסְעִים | נוֹסְעוֹת |

בְּחַר: **הַשְׁלֵם:**   **כְּתֹב:**

1. שִׁירִי ‎____ נוֹסַעַת ‎____ בְּאוֹטוֹבּוּס קָטָן
2. עֲלִיזָה וְיָעֵל ‎____ ‎____ בְּאוֹטוֹבּוּס גָּדוֹל
3. דָּנִי וְרוֹנִית ‎____
4. הַמּוֹרָה ‎____
5. הוּא ‎____
6. הַיְלָדִים ‎____
7. הַיַּלְדָּה וְאוֹרִית ‎____
8. הֵם ‎____
9. הוּא ‎____
10. הַנֶּהָג ‎____

⟨4⟩ טוּ... טוּ... טוּ... הָאוֹטוֹבּוּס נוֹסֵעַ

מְשֹׁךְ קַו:

1. טוּ... טוּ... טוּ... הָאוֹטוֹבּוּס
2. לָמָּה צָרִיךְ
3. צָרִיךְ לָשֶׁבֶת בָּאוֹטוֹבּוּס
4. הַיְלָדִים אוֹמְרִים:
5. הָאוֹטוֹבּוּס נוֹסֵעַ
6. דָּנִי וְשִׁירִי
7. רוֹנִית יוֹרֶדֶת

כִּי הָאוֹטוֹבּוּס נוֹסֵעַ מַהֵר
מִן הָאוֹטוֹבּוּס.
לָשֶׁבֶת בָּאוֹטוֹבּוּס?
אֶל הַבַּיִת שֶׁל דָּנִי.
יוֹרְדִים מִן הָאוֹטוֹבּוּס.
נוֹסֵעַ.
לְהִתְרָאוֹת, רוֹנִית.

כְּתֹב מִשְׁפָּטִים:

כְּתֹב מִשְׁפָּטִים.
כְּתֹב מִשְׁפָּטִים.
כְּתֹב מִשְׁפָּטִים.

1. טוּ... טוּ... טוּ... הָאוֹטוֹבּוּס נוֹסֵעַ. _____
2. _____
3. _____
4. _____
5. _____
6. _____
7. _____

יוֹרְדוֹת	יוֹרְדִים	יוֹרֶדֶת	יוֹרֵד

בְּחַר:    כְּתֹב:

_____   _____   _____   יוֹרֶדֶת

הַשְׁלֵם: כְּתֹב:

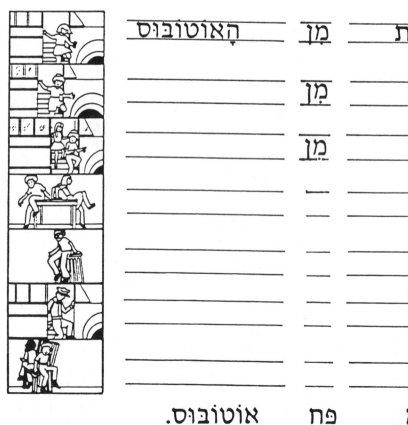

1. הִיא _____ יוֹרֶדֶת _____ מִן _____ הָאוֹטוֹבּוּס

2. הוּא _____ מִן _____

3. הֵם _____ מִן _____

4. הַיְלָדִים _____ _____

5. עֹפֶר _____ _____

6. הַנֶּהָג _____ _____

7. הַיְלָדִים _____ _____

שֻׁלְחָן   כִּסֵּא   פַּח   אוֹטוֹבּוּס.

13

דָּנִי וְשִׁירִי בָּאִים הַבַּיְתָה ⟨5⟩

פּוֹתֵחַ	פּוֹתַחַת	פּוֹתְחִים	פּוֹתְחוֹת

כְּתֹב:  עֲנֵה: בְּחַר:

מִי פּוֹתֵחַ

אֶת הַסֵּפֶר?

מִי פּוֹתֵחַ

הַמּוֹרָה פּוֹתַחַת

אֶת הַסֵּפֶר.

1. מִי פּוֹתֵחַ אֶת הַדֶּלֶת שֶׁל הָאוֹטוֹבּוּס?
2. מִי פּוֹתֵחַ אֶת הַדֶּלֶת שֶׁל הַבַּיִת?
3. מִי פּוֹתֵחַ אֶת הַדֶּלֶת שֶׁל הַכִּתָּה?

4. מִי פּוֹתֵחַ אֶת הַסֵּפֶר?
5. מִי פּוֹתֵחַ אֶת הַיַּלְקוּט?
6. מִי פּוֹתֵחַ אֶת הַפֶּה?

שֶׁלָּנוּ

הַשְׁלֵם: כְּתֹב:

1. הַמּוֹרָה אוֹמֶרֶת: הַכִּתָּה שֶׁלָּנוּ _____ יָפָה.

2. הַיְלָדִים אוֹמְרִים: הָאוֹטוֹבּוּס שֶׁלָּנוּ _____

3. דָּנִי אוֹמֵר: הַלָּמָה _____

4. אִמָּא אוֹמֶרֶת: הַבַּיִת _____

5. שָׂרָה וְרוֹנִית אוֹמְרוֹת: הַמּוֹרָה _____

כּוֹתֶבֶת עַל הַלּוּחַ   יָפָה   גָּדוֹל וְצָהֹב   עוֹזֶרֶת לַיְלָדִים   לָבָן

שֶׁ.....

1. אִמָּא שֶׁלָּנוּ שְׂמֵחָה שֶׁשִּׁירִי בַּבַּיִת שֶׁל דָּנִי. _____

2. שִׁירִי רוֹאָה _____ הַיְלָדִים

3. הֵם שְׂמֵחִים _____ שִׁירִי

וְדָנִי חֲבֵרִים   יוֹשְׁבִים בָּאוֹטוֹבּוּס   בַּבַּיִת שֶׁל דָּנִי

יֵשׁ לָנוּ

כְּתֹב:    הַשְׁלֵם:

1. יֵשׁ _____ לָנוּ _____ לָמָה _____ בַּכִּתָּה.

2. יֵשׁ _____ לָנוּ _____ בָּאוֹטוֹבּוּס.

3. יֵשׁ _____ _____ בַּבַּיִת.

4. _____ _____ _____ עַל הַלּוּחַ.

5. _____ _____ _____ בָּרֹאשׁ.

6. _____ _____ _____ עַל הַשֻּׁלְחָן.

7. _____ _____ _____ בַּפֶּה.

8. _____ _____ _____ עַל הָרֹאשׁ.

9. _____ _____ _____ בַּפַּח.

10. _____ _____ _____ בַּכִּתָּה.

עֵינַיִם עִפָּרוֹן גִּיר גְּלִידָה דֶּלֶת מוֹרָה נֶהָג יָדַיִם נְיָר לָמָה

מִי אוֹמֵר אֶל מִי?

עֲנֵה:    כְּתֹב:

1. אִמָּא, אִמָּא, בּוֹאִי מַהֵר!   **דָּנִי**   אוֹמֵר אֶל   **אִמָּא.**

2. מַה זֹּאת? מִי זֹאת?   _____ אוֹמֶרֶת אֶל _____

3. זֹאת שִׁירִי הַלָּמָה.   _____ אוֹמֵר אֶל _____

4. עַכְשָׁו יֵשׁ לָמָה בַּכִּתָּה.   _____ אוֹמֵר אֶל _____

5. אֲנִי שְׂמֵחָה שֶׁאַתְּ בַּבַּיִת שֶׁלָּנוּ.   _____ אוֹמֶרֶת אֶל _____

6. ממם, תּוֹדָה.   _____ אוֹמֶרֶת אֶל _____

7. אֲנִי שְׂמֵחָה שֶׁאֲנִי בַּבַּיִת שֶׁל דָּנִי.   _____ אוֹמֶרֶת אֶל _____

כְּתֹב מִשְׁפָּטִים עִם הַמִּלִּים:

שֶׁלָּנוּ   לַעֲזֹר   הוֹלְכִים   פּוֹחֶדֶת

1. _____

2. _____

3. _____

4. _____

חֲזָרָה

1. עֹפֶר _____ _____ הַבַּיְתָה, גַּם אוֹרִית _____ הַבַּיְתָה.

2. שִׁירִי אוֹמֶרֶת: אֲנִי _____ הוֹלֶכֶת הַבַּיְתָה כִּי _____

3. דָּנִי אוֹמֵר: שִׁירִי _____ אֶל הַבַּיִת _____

4. שִׁירִי _____ מִן הָאוֹטוֹבּוּס _____

5. שִׁירִי _____ אֶת הַיְלָדִים _____ בָּאוֹטוֹבּוּס.

6. הִיא _____ לָלֶכֶת _____ עִם דָּנִי.

7. שִׁירִי אוֹמֶרֶת: דָּנִי, _____ רוֹצֶה _____ לִי בְּבַקָשָׁה?

8. שִׁירִי _____ : לָמָה _____ לָשֶׁבֶת _____ ?

9. צָרִיךְ _____ בָּאוֹטוֹבּוּס כִּי הָאוֹטוֹבּוּס _____ מַהֵר.

10. דָּנִי וְשִׁירִי _____ מִן הָאוֹטוֹבּוּס שֶׁל _____

11. הַבַּיִת _____ דָּנִי גָּדוֹל וְ _____

12. דָּנִי _____ אֶת הַדֶּלֶת _____ הַבַּיִת.

13. אִמָּא שֶׁל דָּנִי _____ שִׁירִי הַלָמָה.

14. דָּנִי _____ : אִמָּא, לָמָה _____ שִׁירִי הַלָמָה.

15. אִמָּא שֶׁל דָּנִי אוֹמֶרֶת: אֲנִי _____ שֶׁאַתְּ בַּבַּיִת _____

16. שִׁירִי אוֹמֶרֶת: גַּם _____ שִׂמְחָה שֶׁאֲנִי _____ דָּנִי.

 בְּחַר: | כְּתֹב:

יוֹשֵׁב / ~~הוֹלֵךְ~~	1. עֹפֶר __הוֹלֵךְ__ הַבַּיְתָה.
מְשַׂחֵק / רוֹצֶה	2. דָּנִי _____ לָלֶכֶת הַבַּיְתָה.
עוֹמֶדֶת / יְכוֹלָה	3. שִׁירִי _____ וְשִׁירִי עֲצוּבָה.
הוֹלֵךְ / עוֹזֵר	4. דָּנִי _____ אֶל הָאוֹטוֹבּוּס הַגָּדוֹל שֶׁל בֵּית-הַסֵּפֶר.
פּוֹתַחַת / פּוֹחֶדֶת	5. שִׁירִי _____ מִן הָאוֹטוֹבּוּס הַגָּדוֹל שֶׁל בֵּית הַסֵּפֶר.
רוֹאָה / רוֹצָה	6. שִׁירִי _____ אֶת הַיְלָדִים יוֹשְׁבִים בָּאוֹטוֹבּוּס.
כּוֹתֵב / צָרִיךְ	7. שִׁירִי שׁוֹאֶלֶת: לָמָה _____ לָשֶׁבֶת בָּאוֹטוֹבּוּס?
עוֹזֶרֶת / רוֹצָה	8. שִׁירִי _____ לָלֶכֶת אֶל הַבַּיִת שֶׁל דָּנִי.
עוֹמֵד / נוֹסֵעַ	9. הָאוֹטוֹבּוּס _____ אֶל הַבַּיִת שֶׁל רוֹנִית.
עוֹלָה / יוֹרֶדֶת	10. רוֹנִית _____ מִן הָאוֹטוֹבּוּס הַגָּדוֹל.
אוֹמְרִים / בָּאִים	11. שִׁירִי וְדָנִי _____ שָׁלוֹם לַנֶּהָג.
יוֹרְדִים / יוֹשְׁבִים	12. דָּנִי וְשִׁירִי _____ מִן הָאוֹטוֹבּוּס.
פּוֹתֵחַ / פּוֹחֵד	13. דָּנִי _____ אֶת הַדֶּלֶת.
עוֹלָה / רוֹאָה	14. אִמָּא שֶׁל דָּנִי _____ אֶת הַלַּמָּה.
יוֹשֶׁבֶת / בָּאָה	15. הִיא _____ אֶל הַכִּתָּה שֶׁלָּנוּ.
עוֹזֶרֶת / אוֹמֶרֶת	16. שִׁירִי _____: גַּם אֲנִי שְׂמֵחָה שֶׁאֲנִי בַּבַּיִת שֶׁל דָּנִי.

בְּחַר: הַשְׁלֵם: 🕐 כּוֹס

1. דָּנִי	רוֹצֶה	(רוֹצֶה, רוֹצָה) לִשְׁתּוֹת חָלָב מִן הַכּוֹס .
2. הַיַּלְדָּה לֹא		(אוֹהֵב, אוֹהֶבֶת) לִשְׁתּוֹת מַיִם מִן הַ
3. שָׂרָה וְרוֹנִית לֹא		(יְכוֹלִים, יְכוֹלוֹת) לִשְׁתּוֹת חָלָב מִן הַ
4. אִמָּא		(יָכוֹל, יְכוֹלָה) לִשְׁתּוֹת מַיִם מִן הַ
5. הַיֶּלֶד		(רוֹצֶה, רוֹצָה) לִשְׁתּוֹת מַיִם מִן הַ
6. שִׁירִי לֹא		(אוֹהֵב, אוֹהֶבֶת) לִשְׁתּוֹת מַיִם מִן הַ
7. נָעֳמִי וְשָׂרָה		(יְכוֹלִים, יְכוֹלוֹת) לִשְׁתּוֹת חָלָב מִן הַ
8. הַתַּלְמִיד		(צָרִיךְ, צְרִיכָה) לִשְׁתּוֹת מַיִם מִן הַ
9. דָּנִי וְהַיֶּלֶד		(רוֹצִים, רוֹצוֹת) לִשְׁתּוֹת מַיִם מִן הַ
10. אוֹרִית וְיָעֵל		(אוֹהֲבִים, אוֹהֲבוֹת) לִשְׁתּוֹת מַיִם מִן הַ
11. שִׁירִי לֹא		(צָרִיךְ, צְרִיכָה) לִשְׁתּוֹת מַיִם מִן הַ
12. הַנֶּהָג וְהַיְלָדִים		(רוֹצִים, רוֹצוֹת) לִשְׁתּוֹת מַיִם מִן הַ

מִי רוֹצֶה לִשְׁתּוֹת? ⟨6⟩

שׁוֹאֲלוֹת	שׁוֹאֲלִים	שׁוֹאֶלֶת	שׁוֹאֵל
עוֹנוֹת	עוֹנִים	עוֹנָה	עוֹנֶה

בְּחַר: כְּתֹב: הַשְׁלֵם:

1. הַיְלָדִים שׁוֹאֲלִים: לָמָּה דָּנִי תַּחַת הַשֻּׁלְחָן?
1. עֹפֶר עוֹנֶה: דָּנִי תַּחַת הַשֻּׁלְחָן כִּי הוּא פּוֹחֵד מִן הַלָּמָה.

2. שִׁירִי   _____ : שֶׁל מִי הָאוֹטוֹבּוּס הַצָּהֹב?
2. הַיְלָדִים _____ : הָאוֹטוֹבּוּס הַצָּהֹב _____

3. אִמָּא   _____ : שִׁירִי, אַתְּ רוֹצָה לִשְׁתּוֹת חָלָב?
3. שִׁירִי _____ : לֹא תּוֹדָה, אֲנִי לֹא רוֹצָה _____

4. עַלִּיזָה וְשָׂרָה _____ : לָמָּה שִׁירִי עֲצוּבָה?
4. מֵאִיר וְדָנִי _____ : שִׁירִי עֲצוּבָה _____

5. אִמָּא   _____ : מַה זֹּאת? מִי זֹאת?
5. דָּנִי _____ : זֹאת לָמָּה, _____

לִשְׁתּוֹת חָלָב	כִּי הוּא פּוֹחֵד מִן הַלָּמָה	שֶׁל בֵּית-הַסֵּפֶר

זֹאת שִׁירִי הַלָּמָה	כִּי הַיְלָדִים הוֹלְכִים הַבַּיְתָה

21

7 ◆ דָּנִי שׁוֹתֶה וְשִׁירִי שׁוֹתָה

עֲנֵה:    כְּתֹב:

1. מָה אִמָּא נוֹתֶנֶת לְדָנִי?

_____

_____

2. מָה אִמָּא נוֹתֶנֶת לְשִׁירִי?

_____

_____

3. אֵיפֹה אִמָּא שָׂמָה אֶת הַכּוֹס שֶׁל דָּנִי?

_____

_____

4. אֵיפֹה אִמָּא שָׂמָה אֶת הַכּוֹס שֶׁל שִׁירִי?

_____

_____

5. מִי אוֹמֵר בְּרָכָה?

_____

_____

6. מַה שִׁירִי עוֹנָה?

_____

_____

7. דָּנִי שָׂם אֶת הַכּוֹס בַּ_____

8. שִׁירִי שָׂמָה אֶת הַפֶּה בַּ_____

22

דָּנִי שׁוֹתֶה וְשִׂירִי שׁוֹתָה ⟨7⟩

עֲנֵה: כְּתֹב:

1. מַה דָּנִי שׁוֹתֶה?

_____

_____

2. מַה שִׂירִי שׁוֹתָה?

_____

_____

3. מָה אַתָּה אוֹהֵב (אַתְּ אוֹהֶבֶת) לִשְׁתּוֹת?

_____

_____

צַיֵּר (צַיְּרִי) מָה אַתָּה אוֹהֵב (אַתְּ אוֹהֶבֶת) לִשְׁתּוֹת.

23

גוֹמְרוֹת	גוֹמְרִים	גוֹמֶרֶת	גוֹמֵר

בְּחַר: כְּתֹב:

1. אִמָּא __שָׂמָה__ כּוֹס מַיִם עַל הָרִצְפָּה.
   (יוֹרֵד, גוֹמֵר, שָׂמָה)

2. שִׁירִי לֹא _____ לִשְׁתּוֹת אֶת הַמַּיִם.
   (גוֹמֶרֶת, שׁוֹתָה, אוֹמֶרֶת)

3. הִיא לֹא _____ לִשְׁתּוֹת אֶת הֶחָלָב.
   (יוֹשֶׁבֶת, צְרִיכָה, עוֹנָה)

4. הַפֶּה לֹא _____ מִן הַכּוֹס.
   (יוֹצֵא, גוֹמֵר, מוֹשֵׁךְ)

5. הַנֶּהָג וְהַיְלָדִים _____ לָאוֹטוֹבּוּס.
   (עוֹלִים, עוֹנִים, גוֹמְרִים)

6. דָּנִי _____ :שִׁירִי, מָה אַתְּ עוֹשָׂה?
   (מוֹשֵׁךְ, יוֹשֵׁב, שׁוֹאֵל)

7. מִי _____ לְשַׂחֵק "שִׁמְעוֹן אוֹמֵר?"
   (עוֹנָה, שָׁם, רוֹצֶה)

24

סֵדֶר: 124③

( ) שִׁירִי שׁוֹתָה מַיִם לְאַט.

( ) דָּנִי גּוֹמֵר לִשְׁתּוֹת.

(1) דָּנִי שׁוֹתֶה חָלָב מַהֵר.

( ) הַכּוֹס עַל הַפֶּה שֶׁל שִׁירִי.

( ) שִׁירִי גּוֹמֶרֶת לִשְׁתּוֹת.

( ) דָּנִי מוֹשֵׁךְ אֶת הַכּוֹס.

כְּתֹב:

1. דָּנִי שׁוֹתֶה חָלָב מַהֵר.

_____ .2

_____ .3

_____ .4

_____ .5

_____ .6

מוֹשֵׁךְ מוֹשֶׁכֶת

הַשְׁלֵם: כְּתֹב:

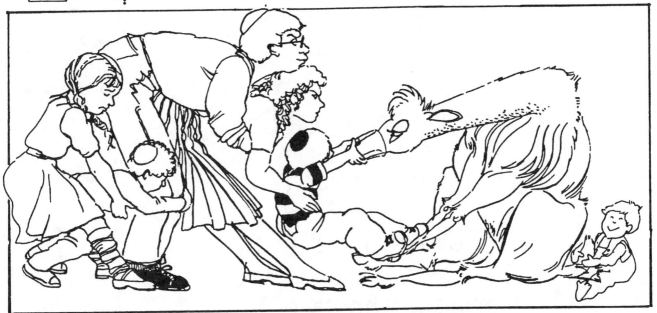

1. דָּנִי מוֹשֵׁךְ אֶת הַכּוֹס. _____

2. אִמָּא מוֹשֶׁכֶת אֶת _____ _____ .

3. אַבָּא מוֹשֵׁךְ _____ _____ .

4. הָאָח _____ _____ _____ .

5. _____ _____ _____ .

6. _____ _____ _____ הַזָּנָב.

| הַתִּינוֹק | הָאָחוֹת | אִמָּא | אַבָּא | הָאָח |

◆ הַפֶּה יוֹצֵא מִן הַכּוֹס ‹9›

הַשְׁלֵם: ⏱ כְּתֹב:

1. ‎הַפֶּה יוֹצֵא מִן הַכּוֹס.

2. ‎הַכּוֹס בַּיָּדַיִם שֶׁל דָּנִי.

3. ‎דָּנִי נוֹפֵל עַל _____

4. ‎אִמָּא נוֹפֶלֶת _____ _____

5. ‎אַבָּא _____ _____ _____

6. ‎הָ _____ _____ _____

7. ‎הָ _____ _____ הָרִצְפָּה.

הָאָחוֹת	אַבָּא	הָאָח	אִמָּא

‎הָאָח

27

⟨10⟩ לַיְלָה בָּא

עֲנֵה: 🙋 כֵּן – לֹא

כֵּן	לֹא	
☐	☐	1. שִׁירִי צְרִיכָה לִישׁוֹן בְּמִטָּה בַּלַּיְלָה.
☐	☐	2. אִמָּא אוֹמֶרֶת: שִׁירִי צְרִיכָה לִישׁוֹן עַל הַפַּח.
☐	☐	3. דָּנִי מְשַׂחֵק בְּבֵית-הַסֵּפֶר בַּלַּיְלָה.
☐	☐	4. שִׁירִי רוֹצָה לָלֶכֶת אֶל הַבַּיִת שֶׁל דָּנִי.
☐	☐	5. דָּנִי רוֹצֶה לִישׁוֹן עַל הַשֻּׁלְחָן.
☐	☐	6. הַיְלָדִים שׁוֹאֲלִים: אֵיפֹה שִׁירִי יְכוֹלָה לָגוּר?
☐	☐	7. שִׁירִי צְרִיכָה לִישׁוֹן עַל רִצְפָּה קָשָׁה.
☐	☐	8. הָאוֹטוֹבּוּס שֶׁל בֵּית-הַסֵּפֶר קָטָן וְלָבָן.
☐	☐	9. דָּנִי הוֹלֵךְ לִישׁוֹן עַל הָרִצְפָּה.
☐	☐	10. שִׁירִי נוֹפֶלֶת עַל אַבָּא.
☐	☐	11. הַתִּינוֹק צָרִיךְ לָלֶכֶת אֶל בֵּית-הַסֵּפֶר.
☐	☐	12. אִמָּא אוֹמֶרֶת: שִׁירִי לֹא יְכוֹלָה לִישׁוֹן בַּמִּטָּה שֶׁל דָּנִי.

28

צַיֵּר: ✏️   הַשְׁלֵם: 🕐

1. הַשָׁעָה _____.

2. זֹאת הַמִּטָּה שֶׁל _____.

3. זֹאת הַמִּטָּה _____ _____ _____.

4. זֹאת _____ _____ _____ _____.

5. _____ _____ _____ _____.

6. זֹאת הַמִּטָּה שֶׁלִּי.

לַיְלָה בָּא ⟨10⟩

עֲנֵה:  כְּתֹב:

1. מָה הַשָּׁעָה?

_____

_____

2. מָה אוֹמֶרֶת אִמָּא לְדָנִי?

_____

_____

_____

3. מִי אוֹמֵר: שִׁירִי, בּוֹאִי לִישֹׁון בַּמִּטָּה שֶׁלִּי?

_____

_____

_____

_____

_____

_____

4. לָמָּה שִׁירִי לֹא יְכוֹלָה לִישֹׁון בְּמִטָּה?

_____

_____

_____

5. אֵיפֹה שִׁירִי יְכוֹלָה לִישֹׁון?

_____

30

בֹּקֶר בָּא ⟨11⟩

כְּתֹב:

עַכְשָׁו   הַשָּׁעָה _____   שֵׁשׁ _____

עַכְשָׁו   הַשָּׁעָה _____   _____

עַכְשָׁו _____   _____

עַכְשָׁו _____   _____

עַכְשָׁו _____   _____

עַכְשָׁו _____   _____

עַכְשָׁו _____   _____

עַכְשָׁו _____   _____

חָמֵשׁ	תֵּשַׁע	שְׁמוֹנֶה	אַרְבַּע	שֵׁשׁ	שֶׁבַע	שָׁלֹשׁ	אַחַת

31

⟨11⟩ בֹּקֶר בָּא

קָמוֹת	קָמִים	קָמָה	קָם

קוּמוּ!

הַתְאֵם:  כְּתֹב:

---

1. תִּינוֹק קָם מִן הָרִצְפָּה, שִׁירִי לֹא קָמָה. 3. אִמָּא אוֹמֶרֶת: קוּמוּ בְּבַקָּשָׁה, קוּמוּ

2. בֹּקֶר בָּא, יַלְדָה קָמָה מִן הַמִּטָּה.   4. הַשָּׁעָה שֶׁבַע, מֵאִיר וְדָנִי קָמִים.

בֹּקֶר בָּא

מְשֹׁךְ קַו:

כִּי אֲנִי עֲיֵפָה.	1. אִמָּא אוֹמֶרֶת: בֹּקֶר
לָמָּה אַתְּ לֹא קָמָה?	2. דָּנִי מוֹשֵׁךְ אֶת שִׁירִי, אֲבָל
לֹא צְרִיכָה לִישֹׁון.	3. דָּנִי שׁוֹאֵל: שִׁירִי
שִׁירִי לֹא קָמָה.	4. שִׁירִי עוֹנָה: אֲנִי לֹא קָמָה
הָרִצְפָּה קָשָׁה.	5. דָּנִי אוֹמֵר: בַּבֹּקֶר אַתְּ
טוֹב, יְלָדִים.	6. אֲנִי רוֹצָה לִישֹׁון, אֲבָל אֲנִי
לֹא יְכוֹלָה לִישֹׁון.	7. אֲנִי לֹא יְכוֹלָה לִישֹׁון כִּי

כְּתֹב מִשְׁפָּטִים:

1. אִמָּא אוֹמֶרֶת: בֹּקֶר טוֹב, יְלָדִים.

2. _____

3. _____

4. _____

5. _____

6. _____

7. _____

⟨12⟩ שִׁירִי לֹא יְכוֹלָה לָגוּר בַּבַּיִת שֶׁל דָּנִי

מְשֹׁךְ קַו:

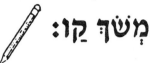

לָגוּר בַּבַּיִת שֶׁלְּךָ, אֲבָל אֲנִי לֹא יְכוֹלָה.	1. דָּנִי עָצוּב
אֵיפֹה אֲנִי יְכוֹלָה לָגוּר?	2. שִׁירִי אוֹמֶרֶת: אֲנִי רוֹצָה
הוּא לֹא יוֹדֵעַ מַה לַעֲשׂוֹת.	3. דָּנִי לֹא יוֹדֵעַ
צְרִיכָה לִישׁוֹן.	4. שִׁירִי שׁוֹאֶלֶת: דָּנִי
בְּבַקָּשָׁה, קוּמוּ!	5. בַּבֹּקֶר אַתְּ לֹא
כִּי שִׁירִי לֹא יְכוֹלָה לִישׁוֹן.	6. דָּנִי לֹא עוֹנֶה כִּי
מַה לַעֲשׂוֹת.	7. שִׁירִי, בּוֹאִי
לִישׁוֹן בַּמִּטָּה שֶׁלִּי.	8. אִמָּא אוֹמֶרֶת: קוּמוּ

כְּתֹב מִשְׁפָּטִים:

1. דָּנִי עָצוּב   כִּי שִׁירִי לֹא יְכוֹלָה לִישׁוֹן.

2. _____

3. _____

4. _____

5. _____

6. _____

7. _____

8. _____

⟨12⟩ שִׁירִי לֹא יְכוֹלָה לָגוּר בַּבַּיִת שֶׁל דָּנִי

עֲנֵה:    כְּתֹב:

1. לָמָה דָּנִי עָצוּב?

_____

_____

2. לָמָה שִׁירִי לֹא יְכוֹלָה לָגוּר בַּבַּיִת שֶׁל דָּנִי?

_____

א. _____

_____

ב. _____

3. מַה שִׁירִי שׁוֹאֶלֶת אֶת דָּנִי?

_____

א. _____

_____

ב. _____

4. לָמָה דָּנִי לֹא עוֹנֶה?

_____

א. _____

_____

ב. _____

35

⟨12⟩ שִׁירִי לֹא יְכוֹלָה לָגוּר בַּבַּיִת שֶׁל דָּנִי

שֶׁלְךָ - שֶׁלָּךְ

הַשְׁלֵם:  כְּתֹב:

זֶה הָעִפָּרוֹן
_____ ?

זֶה הַכַּדּוּר
שֶׁלְךָ?

_____   ____זֶה הַכַּדּוּר שֶׁלְךָ?___

זֶה הַסֵּפֶר
_____ ?

זֹאת הַבֻּבָּה
_____ ?

_____   _____

הַשְׁלֵם:  כְּתֹב:

1. שָׂרָה, אֵיפֹה הַיַּלְקוּט _____ ?

2. דָּנִי, אַתָּה רוֹצֶה אֶת הַגְּלִידָה _____ ?

3. עֹפֶר, רוֹנִית צְרִיכָה אֶת הַמִּסְפָּרַיִם _____ .

4. אֲרִיאֵל, אֵיפֹה הָאוֹטוֹבּוּס _____ ?

5. שִׁירִי אוֹמֶרֶת: דָּנִי אֲנִי רוֹצָה לָגוּר בַּבַּיִת _____ .

נוֹסֵעַ נוֹסַעַת נוֹסְעִים נוֹסְעוֹת

 בְּחַר:  הַשְׁלֵם:  כְּתֹב:

סַבָּא	בָּאוטו שֶׁל _____	1. אַבָּא
_____	בָּאוטו שֶׁל _____	2. דָּנִי
_____	בָּאוטו שֶׁל _____	3. יָעֵל
_____	בָּאוטו שֶׁל _____	4. שִׁירִי
_____	בָּאוטו שֶׁל _____	5. סַבָּא וְסַבְתָּא
_____	בָּאוטו שֶׁל _____	6. אַבָּא
_____	בָּאוטובוס שֶׁל _____	7. אוֹרִית וְנָעֳמִי
_____	בָּאוטובוס שֶׁל _____	8. יְלָדוֹת
_____	בָּאוטובוס שֶׁל _____	9. חֲבֵרִים
_____	בָּאוטובוס שֶׁל _____	10. הַנֶּהָג

אִמָּא   אַבָּא   סַבָּא   סַבְתָּא   הַמּוֹרָה   בֵּית-הַסֵּפֶר   הַנֶּהָג

 אֵיפֹה שִׁירִי יְכוֹלָה לָגוּר? 13

עֲנֵה:  כְּתֹב:

1. עַל מַה יוֹשְׁבִים דָּנִי וְשִׁירִי?

_____

_____

2. מִי רוֹאֶה שֶׁשִּׁירִי וְדָנִי עֲצוּבִים?

_____

_____

3. מַה שׁוֹאֶלֶת אִמָּא אֶת שִׁירִי?

_____

_____

4. מַה שׁוֹאֶלֶת אִמָּא אֶת דָּנִי?

_____

_____

5. מִי עוֹנֶה: אֲנִי עֲצוּבָה כִּי אֵין לִי בַּיִת?

_____

_____

6. מָה עוֹנֶה דָּנִי?

_____

_____

7. מִי נוֹסֵעַ אֶל סַבָּא וְסַבְתָּא?

_____

_____

8. מִי אוֹמֵר: אוּלַי סַבָּא וְסַבְתָּא יְכוֹלִים לַעֲזֹר לְשִׁירִי?

_____

_____

חֲזָרָה

יַלְדָּה		יֶלֶד	
שִׁירִי רוֹצָה לִשְׁתּוֹת.	.1	דָּנִי רוֹצֶה לִשְׁתּוֹת.	.1
	.2	אֲנִי אוֹהֵב מַיִם.	.2
	.3	אַתָּה שׁוֹתֶה חָלָב מַהֵר.	.3
	.4	מָה אַתָּה עוֹשֶׂה?	.4
	.5	יֶלֶד שָׂם כּוֹס חָלָב עַל הַשֻׁלְחָן.	.5
	.6	אַבָּא מוֹשֵׁךְ אֶת הַכּוֹס.	.6
	.7	אַתָּה נוֹפֵל עַל אַבָּא.	.7
	.8	הַיֶּלֶד יָכוֹל לִישׁוֹן בַּמִּטָּה שֶׁלִּי.	.8
	.9	אֲנִי לֹא רוֹצֶה לִישׁוֹן.	.9
	.10	בֹּקֶר בָּא, הַיֶּלֶד קָם.	.10
	.11	אֲנִי לֹא קָם כִּי אֲנִי עָיֵף.	.11
	.12	בַּבֹּקֶר אַתָּה לֹא צָרִיךְ לִישׁוֹן.	.12
	.13	אַבָּא לֹא יוֹדֵעַ אֵיךְ לַעֲזֹר לְשִׁירִי.	.13
	.14	אֲנִי לֹא יוֹדֵעַ מַה לַעֲשׂוֹת.	.14
	.15	אַתָּה נוֹסֵעַ אֶל סַבָּא וְסַבְתָּא.	.15

חֲזָרָה

כְּתַב חִבּוּר: _____
_____

_____

_____

_____

_____

_____

_____

_____

_____

_____

_____

_____

⟨14⟩ שִׁירִי נוֹסַעַת בָּאוֹטוֹ שֶׁל אַבָּא

 בְּחַר:

 כְּתֹב:

רוֹאִים - נוֹסְעִים	1. הַיְלָדִים __נוֹסְעִים__ בָּאוֹטוֹ שֶׁל אַבָּא.
נוֹסַעַת - צְרִיכָה	2. שִׁירִי _____ אֶל סַבָּא וְסַבְתָּא.
יוֹשֶׁבֶת - זוֹרַחַת	3. הַשֶּׁמֶשׁ _____ בַּחוּץ.
יוֹרֵד - פּוֹתֵחַ	4. דָּנִי _____ אֶת הַגַּג שֶׁל הָאוֹטוֹ.
אוֹכְלִים - רוֹאִים	5. אֲרִיאֵל וְיָעֵל _____ אֶת הַשֶּׁמֶשׁ בַּשָּׁמַיִם.
יוֹרְדוֹת - שָׁמוֹת	6. הַמּוֹרָה וְהַיַּלְדָּה _____ עִפָּרוֹן עַל הַשֻּׁלְחָן.
עוֹמֶדֶת - פּוֹתַחַת	7. אִמָּא _____ אֶת הַדֶּלֶת.
שָׁם - נוֹסֵעַ	8. הַתַּלְמִיד _____ בָּאוֹטוֹבּוּס הַצָּהֹב.
מְשַׂחֲקִים - שָׁמַיִם	9. שִׁירִי וְהַיְלָדִים _____ בַּחוּץ.
עוֹלֶה - רוֹאֶה	10. יֶלֶד לֹא _____ שֶׁמֶשׁ בַּשָּׁמַיִם.
שׁוֹתֶה - פּוֹתֵחַ	11. אַבָּא לֹא _____ אֶת הַגַּג שֶׁל הָאוֹטוֹ.
צְרִיכִים - עוֹמְדִים	12. סַבָּא וְסַבְתָּא _____ בַּחוּץ.

שִׁירִי נוֹסַעַת בָּאוֹטוֹ שֶׁל אַבָּא 14

✏️ מְשֹׁךְ קַו: _____

אֶל סַבָּא וְסַבְתָּא.	1. שִׁירִי נוֹסַעַת בָּאוֹטוֹ
אֶת הַחַלּוֹן.	2. הֵם נוֹסְעִים
אֶת הַשֶּׁמֶשׁ.	3. דָּנִי פּוֹתֵחַ
בָּאוֹטוֹ שֶׁל אַבָּא.	4. שִׁירִי אוֹהֶבֶת
שֶׁל אַבָּא.	5. שִׁירִי עוֹמֶדֶת
אֵיךְ לַעֲזֹר לְשִׁירִי.	6. דָּנִי לֹא יוֹדֵעַ

✏️ כְּתֹב מִשְׁפָּטִים.
כְּתֹב מִשְׁפָּטִים.
כְּתֹב מִשְׁפָּטִים.

כְּתֹב מִשְׁפָּטִים:

1. שִׁירִי נוֹסַעַת בָּאוֹטוֹ שֶׁל אַבָּא. _____

2. _____

3. _____

4. _____

5. _____

6. _____

◆15 לָמָה יֵשׁ ...
אוֹר צָהֹב, אוֹר אָדֹם וְאוֹר יָרֹק?

רוֹאֶה	רוֹאָה	רוֹאִים	רוֹאוֹת

בְּחַר:

כְּתֹב:

1. אַבָּא ‏__רוֹאֶה__‏ יְלָדִים בַּחוּץ.

2. הָאָחוֹת ‏_____‏ שֶׁמֶשׁ בַּשָּׁמַיִם.

3. אִמָּא וְסַבְתָּא ‏_____‏ אוֹר אָדֹם.

4. מֵאִיר לֹא ‏_____‏ כַּדּוּר עַל הָרִצְפָּה.

5. נָעֳמִי וְיָעֵל ‏_____‏ שֶׁפִּתְאֹם הָאוֹטוֹ עוֹמֵד.

6. סַבָּא וְסַבְתָּא ‏_____‏ שֶׁפִּתְאֹם הַתִּינוֹק עָצוּב.

7. הַמּוֹרָה לֹא ‏_____‏ עִפָּרוֹן בַּיַּד שֶׁל דָּנִי.

8. אַבָּא ‏_____‏ שֶׁפִּתְאֹם הָאוֹטוֹ נוֹסֵעַ לְאַט.

9. אֱרִיאֵל ‏_____‏ חָתוּל עַל הַפַּח.

10. אוֹרִית לֹא ‏_____‏ כּוֹס חָלָב עַל הָרִצְפָּה.

11. הָאָח וְהָאָחוֹת לֹא ‏_____‏ יְלָדִים בָּאוֹטוֹבּוּס.

12. הַיְלָדִים ‏_____‏ לוּחַ בַּכִּתָּה.

43

אוֹר צָהֹב, אוֹר אָדֹם וְאוֹר יָרֹק?

אָדֹם | יָרֹק

צַיֵּר:

בַּיִת לָבָן וְאָדֹם	כַּדּוּר אָדֹם וְצָהֹב	פֶּרַח יָרֹק וְצָהֹב

חָתוּל לָבָן	אוֹטוֹבּוּס צָהֹב	שֻׁלְחָן אָדֹם

גַּג אָדֹם	יַלְקוּט אָדֹם וְיָרֹק	גִּיר לָבָן

⟨15⟩ לָמָה יֵשׁ ...
אוֹר צָהֹב, אָדֹם וְאוֹר יָרֹק?

עֲנֵה:  כְּתֹב:

1. מִי נוֹסֵעַ בָּאוֹטוֹ שֶׁל אַבָּא?

_____

_____

2. מִי רוֹאֶה אוֹר צָהֹב?

_____

_____

3. מָה עוֹמֵד פִּתְאֹם?

_____

_____

4. לָמָה עוֹמֵד הָאוֹטוֹ?

_____

_____

5. מִי שׁוֹאֶלֶת: לָמָה הָאוֹטוֹ נוֹסֵעַ עַכְשָׁו?

_____

_____

6. מָה עוֹנֶה דָּנִי?

_____

_____

7. מָה אוֹמֶרֶת שִׁירִי?

_____

_____

גֶּשֶׁם יוֹרֵד

כְּתֹב:

הַשְׁלֵם: ◯

1. גֶּשֶׁם ____ יוֹרֵד ____ עַל ____ בַּיִת.

2. גֶּשֶׁם ____ יוֹרֵד ____ ____ ____

3. גֶּשֶׁם ____ ____ ____ ____

4. ____ ____ ____ ____ ____

5. ____ ____ ____ ____ ____

בַּיִת /   יְלָדִים   אוֹטוֹבּוּס   סַבָּא וְסַבְתָּא   אוֹטוֹ

46

16 גֶּשֶׁם יוֹרֵד עַל שִׁירִי

| שְׁבִי! | שֵׁב! |

בְּחַר:

כְּתֹב:

1. אוֹרִית, ____ שְׁבִי ____ עַל הָרִצְפָּה !

2. מֵאִיר, ____ עַל הַ ____ !

3. סַבְתָּא, ____ עַל הַ ____ !

4. עֹפֶר, ____ בַּ ____ !

5. נֶהָג, ____ בַּ ____ !

6. יַלְדָּה, ____ עַל-יַד הַ ____ !

7. אַבָּא, ____ עַל-יַד הַ ____ !

8. תִּינוֹק, ____ עַל-יַד הַ ____ !

9. אָחוֹת, ____ עַל-יַד הַ ____ !

10. מוֹרָה, ____ עַל-יַד הַ ____ !

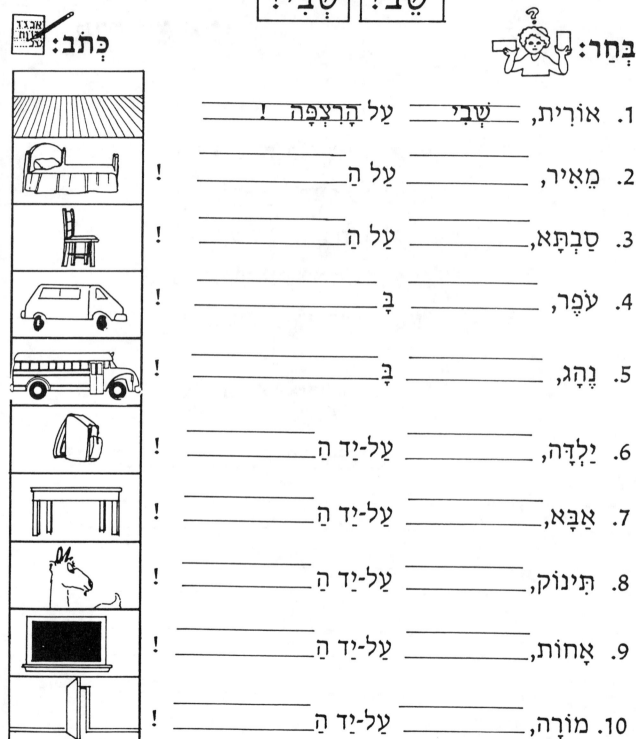

דֶּלֶת כִּסֵּא מִטָּה אוֹטוֹבּוּס אוֹטוֹ רִצְפָּה יַלְקוּט לָמָּה שֻׁלְחָן לוּ

⟨16⟩ גֶּשֶׁם יוֹרֵד עַל שִׂיְרִי

סֵדֶר: ③④②①

(   ) דָּנִי אוֹמֵר: אֲנִי צָרִיךְ לִסְגֹּר אֶת הַגַּג.

(1) שִׂיְרִי נוֹסַעַת בָּאוֹטוֹ שֶׁל אַבָּא.

(   ) גֶּשֶׁם יוֹרֵד עַל הָאַף שֶׁל שִׂיְרִי.

(   ) הָרֹאשׁ שֶׁל שִׂיְרִי בַּחוּץ.

(   ) דָּנִי מוֹשֵׁךְ אֶת שִׂיְרִי.

(   ) דָּנִי אוֹמֵר: שִׂיְרִי, שְׁבִי מַהֵר!

כְּתֹב מִשְׁפָּטִים: כְּתֹב מִשְׁפָּטִים.
כְּתֹב מִשְׁפָּטִים.
כְּתֹב מִשְׁפָּטִים.

1. שִׂיְרִי נוֹסַעַת בָּאוֹטוֹ שֶׁל אַבָּא.

2. _____

3. _____

4. _____

5. _____

6. _____

17 שִׁירִי רוֹצָה לְצַיֵּר בַּשָּׁמַיִם

קְרָא: אֲנַחְנוּ מְצַיְּרִים...   צַיֵּר:

גֶּשֶׁם יוֹרֵד עַל הַבַּיִת	שֶׁמֶשׁ בַּשָּׁמַיִם	יְלָדִים יוֹשְׁבִים בַּכִּתָּה
אֲרִיאֵל מוֹשֵׁךְ אֶת הַזָּנָב	יֶלֶד כּוֹתֵב עַל הַלּוּחַ	יְלָדִים מְשַׂחֲקִים בַּכַּדּוּר
יֶלֶד קוֹרֵא בַּסֵּפֶר	הַבֻּבָּה יוֹשֶׁבֶת עַל הַכִּסֵּא	יַלְדָּה שׁוֹתָה כּוֹס חָלָב

49

שִׁירִי רוֹצָה לְצַיֵּר בַּשָּׁמַיִם ◇17

צְבָעִים בַּשָּׁמַיִם: צָהֹב.... לָבָן... אָדֹם... יָרֹק... כָּחֹל...

צְבַע: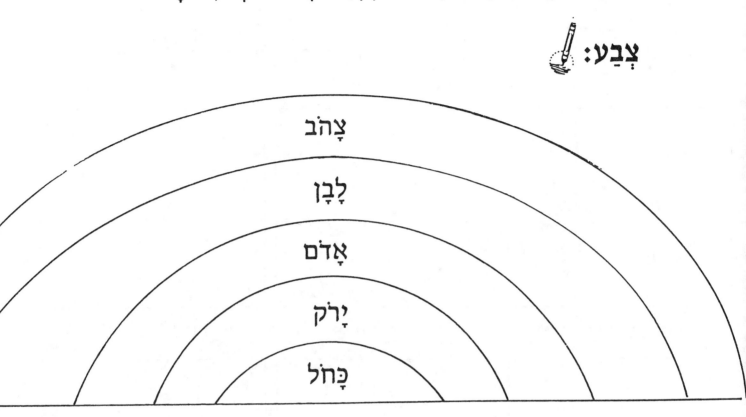

צָהֹב

לָבָן

אָדֹם

יָרֹק

כָּחֹל

צְבַע: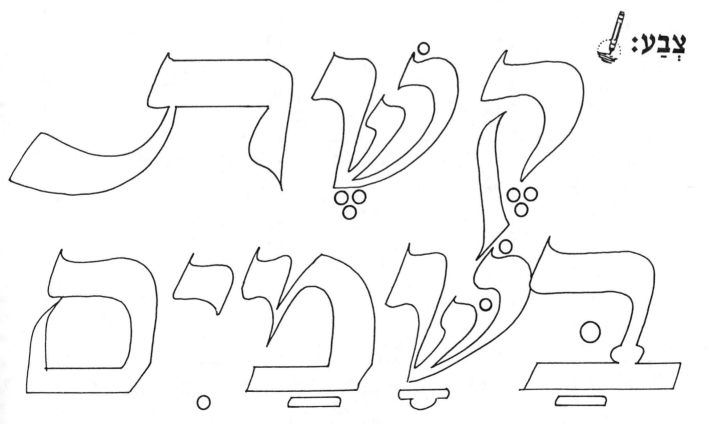

 עֲנֵה:  כְּתֹב:

1. מַה שִׁירִי רוֹאָה בַּשָׁמַיִם?

_____

_____

2. מַה שִׁירִי אוֹמֶרֶת לְדָנִי?

_____

_____

3. מִי עוֹנֶה: שִׁירִי, אֲנַחְנוּ לֹא מְצַיְּרִים בַּשָׁמַיִם?

_____

_____

4. מִי אוֹמֵר: אִמָּא, יֵשׁ קֶשֶׁת בַּשָׁמַיִם?

_____

_____

5. מַה רָחֵל אוֹמֶרֶת?

_____

_____

6. מָה אֲנַחְנוּ אוֹמְרִים אִם יֵשׁ קֶשֶׁת בַּשָׁמַיִם?

_____

_____

7. מִי אוֹמֵר בְּרָכָה?

_____

_____

8. מִי אוֹמֵר אָמֵן?

_____

חֲזָרָה

הַשְׁלֵם:

1. שִׁירִי _____ בָּאוֹטוֹ שֶׁל אַבָּא.

2. הֵם _____ אֶל סַבָּא וְסַבְתָּא.

3. דָּנִי _____ אֶת הַגַּג שֶׁל הָ _____ .

4. הָאוֹטוֹ _____ כִּי הָאוֹר יָרֹק.

5. פִּתְאֹם גֶּשֶׁם _____ .

6. דָּנִי אוֹמֵר: אֲנִי צָרִיךְ _____ אֶת הַגַּג.

7. פִּתְאֹם _____ זוֹרַחַת.

8. שִׁירִי רוֹאָה _____ הַשָּׁמַיִם.

9. דָּנִי אוֹמֵר: _____ קֶשֶׁת, זֹאת _____ בַּ _____ .

כְּתֹב מִשְׁפָּטִים עִם הַמִּלִּים:

כְּתֹב מִשְׁפָּטִים
כְּתֹב מִשְׁפָּטִים
כְּתֹב מִשְׁפָּטִים

פִּתְאֹם   אוֹר   גַּג   יָרֹק   גֶּשֶׁם   מְצַיְּרִים

1. _____

2. _____

3. _____

4. _____

5. _____

6. _____

חֲזָרָה

כְּתֹב חִבּוּר: _____
_____

_____

_____

_____

_____

_____

_____

_____

_____

_____

_____

_____

| נוֹתֵן | נוֹתֶנֶת | נוֹתְנִים | נוֹתְנוֹת |

בְּחַר: **כְּתֹב:**

1. אַבָּא ___ נוֹתֵן ___ ___ כַּדּוּר ___ לְדָנִי.
2. הָאָחוֹת ___ ___ לַתִּינוֹק.
3. אִמָּא ___ ___ לַיַּלְדָּה.
4. סַבָּא וְסַבְתָּא ___ ___ לְשָׂרָה.
5. אִמָּא וְסַבְתָּא ___ ___ לַכִּתָּה.

יַלְקוּט   עִפָּרוֹן   סֵפֶר   בֻּבָּה   ~~כַּדּוּר~~

עֲנֵה: **כְּתֹב:**

1. מָה אִמָּא וְסַבְתָּא נוֹתְנוֹת לַכִּתָּה?

אִמָּא וְסַבְתָּא נוֹתְנוֹת סֵפֶר לַכִּתָּה.

2. מָה אַבָּא נוֹתֵן לְדָנִי?

3. מָה אִמָּא נוֹתֶנֶת לַיַּלְדָּה?

4. מָה סַבָּא וְסַבְתָּא נוֹתְנִים לְשָׂרָה?

5. מָה הָאָחוֹת נוֹתֶנֶת לַתִּינוֹק?

‏18‏ הַמִּשְׁפָּחָה בָּאָה אֶל סַבָּא וְסַבְתָּא

מְשֹׁךְ קַו: _____

לָמָה בַּדִּירָה שֶׁלִּי!!!	1. סַבָּא וְסַבְתָּא
הַדִּירָה יָפָה, הַדִּירָה גְּדוֹלָה.	2. דָּנִי בָּא אֶל
נְשִׁיקָה לְסַבְתָּא.	3. יֵשׁ
הַדֶּלֶת שֶׁל סַבָּא וְסַבְתָּא.	4. שִׁירִי אוֹמֶרֶת: סַבָּא, סַבְתָּא
גָּרִים בַּדִּירָה.	5. שִׁירִי נוֹתֶנֶת
גַּם אֲנִי רוֹצֶה נְשִׁיקָה.	6. סַבָּא אוֹמֵר: שִׁירִי, שִׁירִי

כְּתֹב מִשְׁפָּטִים.
כְּתֹב מִשְׁפָּטִים.
כְּתֹב מִשְׁפָּטִים.

כְּתֹב מִשְׁפָּטִים:

1. <u>סַבָּא וְסַבְתָּא גָּרִים בַּדִּירָה.</u> _____

2. _____

3. _____

4. _____

5. _____

6. _____

מִשְׁפָּחָה

 כְּתֹב:

הַשְׁלֵם:

1. לְדָנִי יֵשׁ ___מִשְׁפָּחָה___ גְּדוֹלָה וְטוֹבָה.

2. בַּ___ שֶׁל דָּנִי יֵשׁ אַבָּא, אִמָּא, אָחוֹת וְתִינוֹק.

3. לְאוֹרִית יֵשׁ ___ טוֹבָה.

4. בַּ___ שֶׁל אוֹרִית יֵשׁ אַבָּא, אִמָּא וְאָחוֹת.

5. דָּנִי ___ בַּבַּיִת. הוּא ___ עִם הַ___.

6. אוֹרִית ___ בַּבַּיִת. הִיא ___ עִם הַ___.

7. סַבָּא וְסַבְתָּא ___ בְּדִירָה גְּדוֹלָה וְיָפָה.

8. יַעֵל וְשָׂרָה ___ בְּדִירָה גְּדוֹלָה.

גָּר	גָּרָה	גָּרִים	גָּרוֹת	מִשְׁפָּחָה

הַשְׁלֵם:

1. יֵשׁ לִי מִשְׁפָּחָה ___
   ___ .

2. בַּמִּשְׁפָּחָה שֶׁלִי יֵשׁ ___
   ___ ___ ___ .

3. אֲנִי גָּר/גָּרָה בְּ___ עִם הַ___
   ___ .

◊ **מִי אוֹכֵל בַּדִּירָה שֶׁל סַבָּא וְסַבְתָּא?**

רוֹצוֹת	רוֹצִים	רוֹצָה	רוֹצֶה

לֶאֱכֹל

כְּתֹב: הַשְׁלֵם: ⏱

1. אַבָּא ‎ ‎רוֹצֶה‎ ‎לֶאֱכֹל‎ ‎בָּשָׂר.
2. אִמָּא
3. הַמִּשְׁפָּחָה
4. יְלָדִים
5. אִמָּא וְסַבְתָּא
6. אָח וְסַבָּא
7. שָׂרָה וְנָעֳמִי
8. הַמּוֹרֶה
9. הַנֶּהָג
10. הַתִּינוֹק

עֻגָה בָּשָׂר גְּלִידָה מָרָק חַלָּה לֶחֶם גֶּזֶר תַּפּוּחַ

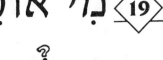

19 ◇ מִי אוֹכֵל בַּדִּירָה שֶׁל סַבָּא וְסַבְתָּא?

 כְּתֹב: בְּחַר:

צְרִיכָה - רוֹאָה	1. שִׁירִי ‫צְרִיכָה‬ לִישׁוֹן עַל הָרִצְפָּה.
כּוֹתְבִים-אוֹהֲבִים	2. יְלָדִים _____ לְצַיֵּר עַל נְיָר.
רוֹצָה - רוֹאָה	3. הַמִּשְׁפָּחָה _____ לֶאֱכֹל מָרָק.
נוֹסְעִים- צְרִיכִים	4. שִׁירִי וְהַמִּשְׁפָּחָה _____ אֶל סַבָּא וְסַבְתָּא.
שׁוֹתֶה - אוֹכֵל	5. הַתִּינוֹק _____ חָלָב.
עוֹמֵד - קוֹרֵא	6. הַפַּח _____ עַל-יַד הַדֶּלֶת.
יוֹרְדִים - עוֹלִים	7. יְלָדִים _____ עַל הָאוֹטוֹבּוּס.
בָּאָה - גָּרָה	8. הַמִּשְׁפָּחָה _____ בַּבַּיִת.
שׁוֹתָה-כּוֹתֶבֶת	9. הַמּוֹרָה _____ עַל הַלּוּחַ.
אוֹמְרִים-אוֹהֲבִים	10. אָח וְאָחוֹת _____ אֶת סַבָּא וְסַבְתָּא.
מוֹשְׁכִים-הוֹלְכִים	11. יֶלֶד וְיַלְדָּה _____ אֶל בֵּית-הַסֵּפֶר.
צְרִיכוֹת-אוֹמְרוֹת	12. יְלָדוֹת _____ שָׁלוֹם מוֹרָה.
מְשַׂחֲקִים-שָׂמִים	13. יְלָדִים _____ "שִׁמְעוֹן אוֹמֵר".
יוֹשֵׁב-כּוֹתֵב	14. הַתִּינוֹק _____ עַל שִׁירִי הַלָּמָה.
שָׂמָה-קָמָה	15. הַיַּלְדָּה _____ גִּיר עַל הַשֻּׁלְחָן.
צְרִיכִים-אוֹכְלִים	16. אֲנַחְנוּ _____ לֶאֱכֹל בַּבַּיִת שֶׁל סַבְתָּא.

מִתְגַּלְגֵּל	מִתְגַּלְגֶּלֶת	מִתְגַּלְגְּלִים	מִתְגַּלְגְּלוֹת

בְּחַר: כְּתֹב:

1. הַכַּדּוּר _____מִתְגַּלְגֵּל_____ אֶל דָּנִי.

2. הַתַּפּוּחִים _____ עַל הָרִצְפָּה.

3. הַתַּפּוּחַ _____ אֶל הַשֵּׁרוּתִים.

4. בַּלוֹן _____ עַל הָרִצְפָּה.

5. כַּדּוּרִים _____ אֶל יְלָדִים.

רָץ	רָצָה	רָצִים	רָצוֹת

6. הַיַּלְדָּה _____רָצָה_____ אֶל בֵּית-הַסֵּפֶר.

7. יְלָדִים _____ הַבַּיְתָה מַהֵר.

8. יָעֵל וְשָׂרָה _____ הַבַּיְתָה מִן בֵּית-הַסֵּפֶר.

9. שִׁירִי _____ אַחֲרֵי הַתַּפּוּחַ.

10. יָעֵל וְאוֹרִית _____ אֶל הַדִּירָה שֶׁל סַבָּא וְסַבְתָּא.

בְּחַר: כְּתֹב:

1. לְאָן נוֹסֵעַ הָאוֹטוֹבּוּס הַצָּהֹב שֶׁל בֵּית-הַסֵּפֶר?
☐ הָאוֹטוֹבּוּס נוֹסֵעַ אֶל הַדִּירָה שֶׁל סַבָּא וְסָבְתָּא.
☑ הָאוֹטוֹבּוּס נוֹסֵעַ אֶל הַבַּיִת שֶׁל רוֹנִית.
<u>הָאוֹטוֹבּוּס נוֹסֵעַ אֶל הַבַּיִת שֶׁל רוֹנִית.</u>

2. לְאָן שִׁירִי הוֹלֶכֶת עִם דָּנִי?
☐ שִׁירִי הוֹלֶכֶת עִם דָּנִי אֶל הַבַּיִת שֶׁל סַבָּא וְסָבְתָּא.
☐ שִׁירִי הוֹלֶכֶת עִם דָּנִי אֶל הַבַּיִת שֶׁל הַמּוֹרָה.

3. לְאָן הוֹלְכִים הַיְלָדִים אַחֲרֵי בֵּית-הַסֵּפֶר?
☐ הַיְלָדִים הוֹלְכִים אֶל הַבַּיִת שֶׁל שִׁירִי.
☐ הַיְלָדִים הוֹלְכִים הַבַּיְתָה.

4. לְאָן שִׁירִי רָצָה?
☐ שִׁירִי רָצָה אַחֲרֵי כּוֹס חָלָב.
☐ שִׁירִי רָצָה אַחֲרֵי הַתַּפּוּחַ הָאָדֹם.

5. לְאָן מִתְגַּלְגֵּל הַתַּפּוּחַ הָאָדֹם?
☐ הַתַּפּוּחַ הָאָדֹם מִתְגַּלְגֵּל אֶל הַבַּיִת שֶׁל סַבָּא וְסָבְתָּא.
☐ הַתַּפּוּחַ הָאָדֹם מִתְגַּלְגֵּל אֶל הַשֵּׁרוּתִים.

6. לְאָן שִׁירִי צְרִיכָה לָלֶכֶת?
☐ שִׁירִי צְרִיכָה לָלֶכֶת לַשֵּׁרוּתִים.
☐ שִׁירִי צְרִיכָה לָלֶכֶת לַכִּתָּה.

◇20◇ אֵיפֹה הַתַּפּוּחַ שֶׁל שִׁירִי?

עֲנֵה:  כְּתֹב:

1. מִי נוֹתֵן תַּפּוּחַ אָדֹם לְשִׁירִי?

_____

_____

2. אֵיפֹה שָׂמָה סַבְתָּא אֶת הַתַּפּוּחַ הָאָדֹם?

_____

_____

3. לְאָן הַתַּפּוּחַ מִתְגַּלְגֵּל?

_____

_____

4. מִי רָץ אֶל הַשֵּׁרוּתִים?

_____

_____

5. מִי לֹא רוֹצֶה לֶאֱכֹל אֶת הַתַּפּוּחַ?

_____

_____

6. מַה דָּנִי שׁוֹאֵל אֶת שִׁירִי?

_____

7. מַה דָּנִי שׁוֹאֵל אֶת סַבָּא?

_____

_____

8. מִי לֹא יָכוֹל לָלֶכֶת לַשֵּׁרוּתִים בְּדִירָה?

_____

9. מִי יוֹרֵד לְמַטָּה?

_____

_____

10. אֵיפֹה שִׁירִי צְרִיכָה לָלֶכֶת לַשֵּׁרוּתִים?

_____

שִׁירִי לֹא יְכוֹלָה לָגוּר בַּבַּיִת שֶׁל סַבָּא וְסַבְתָּא

הַשְׁלֵם:

כְּתֹב:

מִי
צוֹחֵק צוֹחֶקֶת צוֹחֲקִים צוֹחֲקוֹת ?

מִי
בּוֹכֶה בּוֹכָה בּוֹכִים בּוֹכוֹת ?

עֲלִיזָה   הַיְלָדִים   עֹפֶר וְאוֹרִית בּוֹכִים

מֵאִיר   רוֹנִית וְנָעֳמִי   הַתִּינוֹק

דָּנִי וְהַתִּינוֹק   דָּנִי אַבָּא וְשָׂרָה   אִמָּא וְסַבְתָּא

הַכִּתָּה   הַמּוֹרָה   הַמִּשְׁפָּחָה

מִי

חוֹשֵׁב   חוֹשֶׁבֶת   חוֹשְׁבִים   חוֹשְׁבוֹת

?

בְּחַר:

כְּתֹב:

1. אַבָּא חוֹשֵׁב.

2. אִמָּא _____ .

3. אַבָּא וְאִמָּא _____ .

4. סַבָּא _____ .

5. סַבְתָּא _____ .

6. סַבָּא וְסַבְתָּא _____ .

7. הַיְלָדִים _____ .

8. דָּנִי וְרָחֵל _____ .

9. אִמָּא רָחֵל וְסַבְתָּא _____ .

10. דָּנִי, אַבָּא וְסַבָּא _____ .

11. מָה הֵם חוֹשְׁבִים? _____

_____

_____

בְּחַר:    הַשְׁלֵם: ⏱   כְּתֹב:

1. דָּנִי ___רָץ___ אֶל הַדִּירָה שֶׁל סַבָּא וְסַבְתָּא.

2. סַבָּא _____ אֶת הַדֶּלֶת.

3. שִׁירִי רוֹצָה _____ בַּשָּׁמַיִם.

4. רוֹנִית _____ אֶת הָאוֹטוֹבּוּס הַגָּדוֹל שֶׁל בֵּית-הַסֵּפֶר.

5. אִמָּא _____ לְשִׁירִי כּוֹס חָלָב.

6. הַפֶּה לֹא _____ מִן הַכּוֹס.

7. שִׁירִי אוֹמֶרֶת: אֲנִי לֹא _____ חָלָב.

8. הַתִּינוֹק _____ אֶת הַזָּנָב.

9. הָאָח מֵאִיר אוֹמֵר: שִׁירִי בּוֹאִי _____ בַּמִּטָּה שֶׁלִּי.

10. שִׁירִי אוֹמֶרֶת: אֲנִי רוֹצָה לִישׁוֹן, אֲבָל אֲנִי לֹא _____ לִישׁוֹן עַל _____ הָרִצְפָּה.

11. דָּנִי רוֹצֶה _____ לְשִׁירִי.

12. שִׁירִי לֹא יְכוֹלָה _____ בַּבַּיִת שֶׁל דָּנִי.

13. שִׁירִי _____ בָּאוֹטוֹ שֶׁל אַבָּא.

14. שִׁירִי לֹא רוֹצָה _____ אֶת הַגַּג.

לְצַיֵּר   רוֹאָה   מוֹשֵׁךְ   לָגוּר   רָץ   נוֹתֶנֶת   לִישׁוֹן   לִסְגֹּר
יוֹצֵא   יְכוֹלָה   לַעֲזֹר   פּוֹתֵחַ   אוֹהֶבֶת   נוֹסַעַת

קְרָא:

כְּתֹב:

1. סַבְתָּא שֶׁלִּי טוֹבָה.

1. סַבָּא שֶׁלִּי טוֹב.

2. הָאָחוֹת שֶׁלִּי אוֹהֶבֶת לְשַׂחֵק.

_____ .2

3. הַיַּלְדָּה תַּלְמִידָה בַּכִּתָּה.

_____ .3

4. יַלְדָּה עוֹמֶדֶת עַל-יַד הַלּוּחַ.

_____ .4

5. אִמָּא אוֹהֶבֶת אֶת אַבָּא.

_____ .5

6. הָאָחוֹת רוֹצָה לִשְׁתּוֹת מַיִם.

_____ .6

7. אִמָּא עוֹזֶרֶת לַיַּלְדָּה.

_____ .7

8. הַיַּלְדָּה אוֹמֶרֶת תּוֹדָה.

_____ .8

9. הַיַּלְדָּה רוֹצָה לִנְסֹעַ בָּרַכֶּבֶת.

_____ .9

10. אִמָּא נוֹתֶנֶת כּוֹס מַיִם לְשִׁירִי.

_____ .10

11. סַבְתָּא אוֹמֶרֶת: יֵשׁ חַיּוֹת בַּחַוָּה.

_____ .11

12. הָאָחוֹת רוֹאָה אֶת הַגֶּשֶׁם.

_____ .12

22 שִׁירִי רוֹצָה לָגוּר בַּחַוָּה

שׁוֹמְעוֹת	שׁוֹמְעִים	שׁוֹמַעַת	שׁוֹמֵעַ

הַשְׁלֵם: 🕐 כְּתֹב:

1. דָּנִי _____ אֶת הַתִּינוֹק בּוֹכֶה.

2. יָעֵל וְרוֹנִית _____ אֶת מֵאִיר וְעֹפֶר צוֹחֲקִים.

3. יֶלֶד וְיַלְדָּה _____ אֶת שִׁירִי אוֹמֶרֶת ממממ... ממם...

4. הַמּוֹרָה לֹא _____ אֶת הַיְלָדִים בַּכִּתָּה.

5. שִׁירִי _____ אֶת הָאוֹטוֹבּוּס.

נוֹתְנוֹת	נוֹתְנִים	נוֹתֶנֶת	נוֹתֵן

הַשְׁלֵם: 🕐 כְּתֹב:

1. סַבְתָּא _____ נְשִׁיקָה לַיְלָדִים.

2. דָּנִי _____ תַּפּוּחַ לְשִׁירִי.

3. מֵאִיר וְעֹפֶר _____ כַּדּוּר לַתִּינוֹק.

4. סַבָּא _____ נְשִׁיקָה לְשִׁירִי.

5. אִמָּא _____ מַיִם לְשִׁירִי.

מִי אוֹמֵר אֶל מִי?

הַשְׁלֵם: ☺️   כְּתֹב: [אבגד]

1. אֲנִי יְכוֹלָה לָגוּר בַּחַוָּה? _____ שִׁירִי _____ אֶל _____ סַבָּא.

2. מַה יֵּשׁ בַּחַוָּה? _____ אֶל _____.

3. בַּחַוָּה יֵשׁ חַיּוֹת. _____ אֶל _____.

4. בַּחַוָּה יֵשׁ אֹכֶל שֶׁל חַיּוֹת. _____ אֶל _____.

5. בַּחַוָּה יֵשׁ בַּיִת שֶׁל חַיּוֹת. _____ אֶל _____.

6. אֵיךְ אֲנַחְנוּ נוֹסְעִים אֶל הַחַוָּה? _____ אֶל _____.

7. אֲנַחְנוּ נוֹסְעִים אֶל הַחַוָּה בָּרַכֶּבֶת. _____ אֶל _____.

8. אֲנִי רוֹצָה לִנְסֹעַ בָּרַכֶּבֶת. _____ אֶל _____.

9. אֲנַחְנוּ נוֹסְעִים אֶל הָרַכֶּבֶת בָּאוֹטוֹ. _____ אֶל _____.

10. אֵיפֹה הַנְּשִׁיקָה שֶׁלִּי? _____ אֶל _____.

חֲזָרָה

הַשְׁלֵם:  כְּתֹב:

יְלָדוֹת	יְלָדִים	יַלְדָּה	יֶלֶד	
הוֹלְכוֹת	הוֹלְכִים	הוֹלֶכֶת	הוֹלֵךְ	1.
			יוֹרֵד	2.
			עוֹמֵד	3.
			יוֹשֵׁב	4.
			עוֹזֵר	5.
			אוֹכֵל	6.
			נוֹתֵן	7.
			כּוֹתֵב	8.
			נוֹפֵל	9.
			פּוֹחֵד	10.
			אוֹמֵר	11.
			אוֹהֵב	12.
			שׁוֹאֵל	13.
			מוֹשֵׁךְ	14.
			חוֹשֵׁב	15.
			מִתְגַּלְגֵּל	16.
			מְשַׂחֵק	17.

חֲזָרָה

כְּתַב חִבּוּר:

_____

_____

_____

הַשְׁלֵם: כְּתֹב:

שִׁיק שַׁק, שִׁיק שַׁק,
שִׁיק שַׁק, שִׁיק שָׁה.
מִי נוֹסֵעַ אֶל הַחֲנֻת?

שִׁיק שַׁק, שִׁיק שַׁק,
_____ ___ _____ _____
_____ ___ _____ _____
שִׁירִי וְהַמִּשְׁפָּחָה.

שִׁיק שַׁק, שִׁיק שַׁק,
שִׁיק שַׁק, שִׁיק שָׁה.
_____ _____
שִׁירִי עַל
_____ _____

שִׁיק שַׁק, שִׁיק שַׁק,
_____ _____ _____
_____ _____ _____
שִׁירִי הַלָמָה

_____ _____ _____
_____ _____ _____

שִׁיק שַׁק, שִׁיק שָׁה.
_____
שִׁירִי הַלָמָה אוֹמֶרֶת _____

_____ _____ _____ _____
_____ _____ _____ _____
_____ _____ _____ _____

תּוֹדָה רַבָּה _____

שִׁירִי לֹא יוֹדַעַת לָמָה הָעֵצִים רָצִים

עֲנֵה: כְּתֹב:

מִי יוֹדֵעַ מַה לְצַיֵּר? דָּנִי יוֹדֵעַ מַה לְצַיֵּר.

מִי יוֹדַעַת מַה לְצַיֵּר? יָעֵל

צַיֵּר:

הָרַכֶּבֶת נוֹסַעַת	עֵצִים רָצִים	אוֹטוֹ גָּדוֹל וְיָרֹק
יַלְדָּה שׁוֹתָה מַיִם	קֶשֶׁת בַּשָּׁמַיִם	עֵץ גָּדוֹל וְעֵץ קָטָן
יֶלֶד בַּמִּטָּה	בַּיִת גָּדוֹל עַל-יַד בַּיִת קָטָן	שֶׁמֶשׁ זוֹרַחַת

סֵדֶר: ③124 כְּתֹב:

1. שִׁירִי הַחַלּוֹן יוֹשֶׁבֶת עַל-יַד.
   ③ ② ④ ①
   <u>שִׁירִי יוֹשֶׁבֶת עַל-יַד הַחַלּוֹן.</u>

2. שֶׁהָעֵצִים מַהֵר הִיא רָצִים רוֹאָה.
   ①

3. לֹא הָעֵצִים אֲנִי רָצִים יוֹדַעַת לָמָה.
   ①

4. נוֹסְעִים הַחַוָּה אֲנַחְנוּ אֶל.
   ①

5. הָעֵצִים יְכוֹלִים לֹא לָרוּץ.
   ①

6. נוֹסַעַת הָרַכֶּבֶת עוֹמְדִים וְהָעֵצִים.
   ①

בְּחַר: כְּתֹב:

1. הַשֶּׁמֶשׁ זוֹרַחַת __בַּיּוֹם__.   בַּיּוֹם   בַּלַּיְלָה   בַּבַּיִת

2. זֶה יוֹם יָפֶה _____.   בָּעֵצִים   בַּיּוֹם   בַּחוּץ

3. זֶה אֲוִירוֹן גָּדוֹל _____.   בַּשֶּׁמֶשׁ   בַּשָּׁמַיִם   בָּרַכֶּבֶת

4. חַם הַיּוֹם _____.   בַּחוּץ   בַּקֶּשֶׁת   בַּמָּרָק

5. יֵשׁ חַיּוֹת _____.   בַּכִּתָּה   בַּחַוָּה   בַּדֶּלֶת

6. אוֹטוֹ יָפֶה עוֹמֵד _____.   בַּחוּץ   בַּשֶּׁמֶשׁ   בַּחַלּוֹן

עֲנֵה: כְּתֹב:

1. מַה שִׁירִי רוֹאָה בַּחוּץ?

_____

_____

2. מָה אוֹמֶרֶת שִׁירִי אֶל דָּנִי?

_____

_____

3. מָה רוֹאָה שִׁירִי בַּשָּׁמַיִם?

_____

_____

4. לָמָּה דָּנִי צוֹחֵק?

_____

_____

5. מִי לֹא יוֹדַעַת מַה זֶּה אֲוִירוֹן?

_____

_____

⟨25⟩ צִפּוֹר גְּדוֹלָה בַּשָּׁמַיִם

סַדֵּר: ③④②① 1243

( )   שִׁירִי רוֹאָה אֶת הַשֶּׁמֶשׁ בַּחוּץ.

( )   שִׁירִי רוֹאָה צִפּוֹר בַּשָּׁמַיִם.

( )   דָּנִי צוֹחֵק.

( )   דָּנִי עוֹנֶה: זֹאת לֹא צִפּוֹר גְּדוֹלָה, זֶה אֲוִירוֹן.

(1)   שִׁירִי יוֹשֶׁבֶת בָּרַכֶּבֶת וְהָרַכֶּבֶת נוֹסַעַת.

( )   שִׁירִי אוֹמֶרֶת: דָּנִי, דָּנִי, יֵשׁ צִפּוֹר בַּשָּׁמַיִם.

( )   דָּנִי רוֹאֶה אֶת "הַצִּפּוֹר הַגְּדוֹלָה".

( )   שִׁירִי שׁוֹאֶלֶת: דָּנִי, לָמָּה אַתָּה צוֹחֵק?

( )   אֲנִי לֹא יוֹדַעַת מָה זֶה אֲוִירוֹן.

( )   אֲוִירוֹן זֶה אוֹטוֹ גָּדוֹל שֶׁנּוֹסֵעַ בַּשָּׁמַיִם.

כְּתֹב:

1. שִׁירִי יוֹשֶׁבֶת בָּרַכֶּבֶת וְהָרַכֶּבֶת נוֹסַעַת.

.2 _____

.3 _____

.4 _____

.5 _____

.6 _____

.7 _____

.8 _____

.9 _____

.10 _____

הַשְׁלֵם:  כְּתֹב: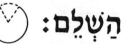

יוֹשְׁבוֹת	יוֹשְׁבִים	יוֹשֶׁבֶת	
			1. יוֹשֵׁב
			2. כּוֹתֵב
	עוֹמְדִים		.3
עוֹזְרוֹת			.4
		אוֹכֶלֶת	.5
			6. צוֹחֵק
	רוֹאִים		.7
רוֹצוֹת			.8
			9. שָׁם
		בָּאָה	.10
	קָמִים		.11
גָּרוֹת			.12

הָרַכֶּבֶת נוֹסַעַת ‹26›

הַר _____ הָרִים ⁓⁓⁓⁓⁓

צַיֵּיר: ✏️

בְּתוֹךְ

בַּיִת עַל הַר	רַכֶּבֶת נוֹסַעַת בְּתוֹךְ הַר
עִפָּרוֹן בְּתוֹךְ סֵפֶר	עֵצִים עַל הַר
יַלְדָּה יוֹרֶדֶת מִן הָהָר	עִפָּרוֹן בְּתוֹךְ סֵפֶר
נֶהָג בְּתוֹךְ אוֹטוֹבּוּס	יְלָדִים עוֹלִים עַל הַר

◇ 26 הָרַכֶּבֶת נוֹסַעַת

זֶה - זֹאת

בְּחַר: הַשְׁלֵם: כְּתֹב:

1. זֶה   יֶלֶד _____
2. _____
3. _____
4. _____
5. _____
6. _____
7. _____
8. _____
9. _____
10. _____
11. _____
12. _____

הַר   סֵפֶר   מוֹרָה   כַּדוּר   מִטָה   יֶלֶד

אֲוִירוֹן   חַוָּה   שֻׁלְחָן   בֻּבָּה   תַּלְמִידָה   קֶשֶׁת

צְבַע:

חֹשֶׁךְ בָּרַכֶּבֶת	חֹשֶׁךְ בַּלַּיְלָה
חֹשֶׁךְ בַּדִּירָה	חֹשֶׁךְ בַּבַּיִת

עֲנֵה: כְּתֹב:

1. לָמָה דָּנִי לֹא רוֹאֶה אֶת שִׁירִי בָּרַכֶּבֶת?

_____

_____

2. שִׁירִי יוֹשֶׁבֶת בַּחֹשֶׁךְ - מַה שִׁירִי שׁוֹאֶלֶת?

_____

_____

3. מַה אִמָּא עוֹנָה?

_____

_____

4. מִי פּוֹחֵד מִן הַחֹשֶׁךְ?

_____

_____

חֲזָרָה

כְּתֹב: הַשְׁלֵם:

1. הַמִּשְׁפָּחָה בָּרַכֶּבֶת. הָ‏ _____ _____ נוֹסַעַת _____ .

2. שִׁירִי יוֹשֶׁבֶת _____ _____ _____ הַחַלּוֹן.

3. הִיא רוֹאָה, שֶׁהָעֵצִים _____ _____ .

4. שִׁירִי שׁוֹאֶלֶת: דָּנִי, _____ הָעֵצִים _____ ?

5. דָּנִי עוֹנֶה: הָעֵצִים לֹא _____ הֵם _____ .

6. שִׁירִי _____ עַל-יַד _____ .

7. פִּתְאֹם שִׁירִי _____ צִפּוֹר גְּדוֹלָה בַּ _____ .

8. דָּנִי רוֹאֶה אֶת הַ" _____ הַגְּדוֹלָה "וְדָנִי _____ .

9. דָּנִי עוֹנֶה: שִׁירִי, _____ לֹא צִפּוֹר גְּדוֹלָה, זֶה אֲוִירוֹן.

10. שִׁירִי שׁוֹאֶלֶת: דָּנִי, _____ _____ אֲוִירוֹן?

11. דָּנִי עוֹנֶה: אֲוִירוֹן זֶה _____ גָּדוֹל _____ .

12. אִמָּא אוֹמֶרֶת: דָּנִי, שִׁירִי, _____ מַהֵר! הָרֹאשׁ _____ הָרַכֶּבֶת!!!

13. פִּתְאֹם... _____ . _____ בָּרַכֶּבֶת.

14. אִמָּא אוֹמֶרֶת: אֲנַחְנוּ בְּתוֹךְ _____ .

15. שִׁירִי יוֹשֶׁבֶת _____ . הִיא _____ מִן הַחֹשֶׁךְ.

16. אִמָּא נוֹתֶנֶת _____ לְדָנִי. הִיא _____ נְשִׁיקָה גַּם לְשִׁירִי.

17. פִּתְאֹם אֵין _____ - יֵשׁ _____ .

18. אִמָּא, אִמָּא, אֲנִי _____ אֶת הָאוֹר.

79

חֲזָרָה

כְּתָב חִבּוּר:

_____

_____

_____

_____

_____

_____

_____

_____

_____

_____

_____

_____

_____

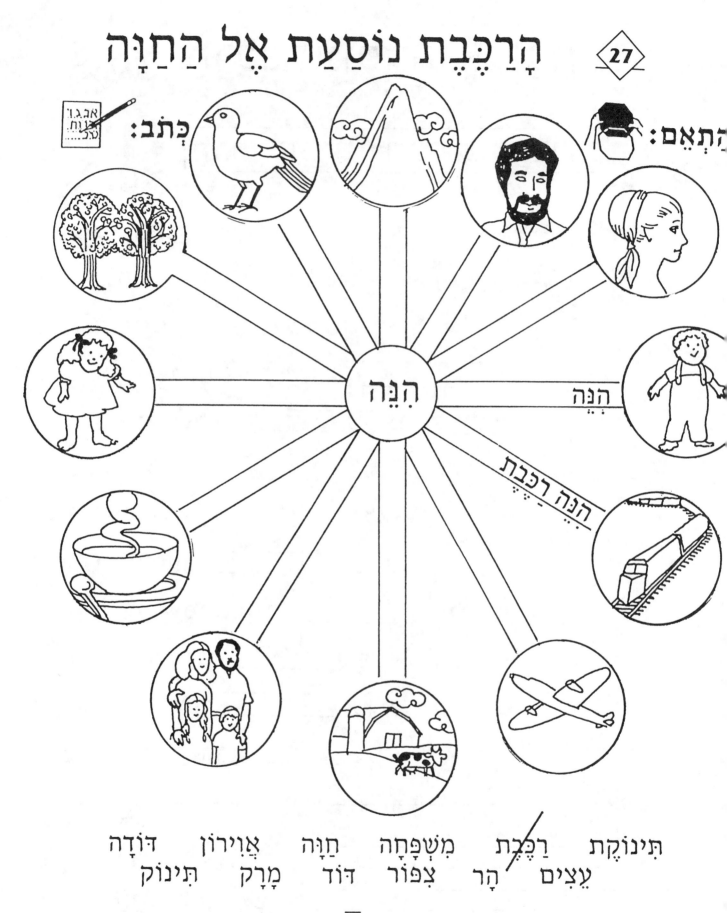

הָרַכֶּבֶת נוֹסַעַת אֶל הַחַוָּה

הַתְאֵם:

כְּתֹב:

הִנֵּה

הִנֵּה

הִנֵּה רַכֶּבֶת

תִּינוֹקֶת   רַכֶּבֶת   מִשְׁפָּחָה   חַוָּה   אֲוִירוֹן   דּוֹדָה

עֵצִים   הַר   צִפּוֹר   דּוֹד   מָרָק   תִּינוֹק

חֲבֵרוֹת	חֲבֵרִים	חֲבֵרָה	חָבֵר

בְּחַר: כְּתֹב:

1. שָׂרָה חֲבֵרָה שֶׁל דָּנִי.

2. דָּנִי _____ שֶׁל שָׂרָה.

3. הַיְלָדִים _____ שֶׁל שִׁירִי.

4. אִמָּא שֶׁלִּי וְהַמּוֹרָה שֶׁלִּי _____ .

5. מֵאִיר וְעֹפֶר _____ שֶׁל אוֹרִית וְנָעֳמִי.

6. הַיְלָדִים בַּכִּתָּה _____ שֶׁלִּי.

7. שִׁירִי וְדָנִי _____ שֶׁלָּנוּ.

8. שָׂרָה וְיָעֵל _____ שֶׁלָּךְ.

9. שִׁירִי, נָעֳמִי וְאוֹרִית _____ שֶׁלִּי.

10. אֲרִיאֵל וְדָנִי _____ שֶׁלְּךָ.

11. מֵאִיר וְעֹפֶר _____ שֶׁלָּנוּ.

12. רוֹנִית וְהַנֶּהָג _____ שֶׁלְּךָ.

עֲנֵה: כְּתֹב:

1. מִי הֶחָבֵר שֶׁלְּךָ/שֶׁלָּךְ? _____

2. מִי הַחֲבֵרָה שֶׁלְּךָ/שֶׁלָּךְ? _____

הָרַכֶּבֶת נוֹסַעַת אֶל הַחַוָּה

עֲנֵה:  כְּתֹב:

1. אֵיךְ נוֹסַעַת הָרַכֶּבֶת?

_____

_____

2. מִי יוֹרֵד מִן הָרַכֶּבֶת?

_____

_____

3. מָה אוֹמֵר דָּנִי אֶל שִׁירִי?

_____

_____

4. מִי בַּיָּדַיִם שֶׁל הַדּוֹדָה שָׂרָה?

_____

_____

5. מָה אוֹמֶרֶת שִׁירִי אֶל טַלְיָה?

_____

_____

6. מָה אוֹמֶרֶת טַלְיָה אֶל שִׁירִי?

_____

_____

7. מַה הַדּוֹד מֹשֶׁה שׁוֹאֵל אֶת דָּנִי?

_____

_____

8. מָה עוֹנֶה דָּנִי?

_____

9. מַה דָּנִי שׁוֹאֵל אֶת הַדּוֹד מֹשֶׁה?

_____

10. מַה שִׁירִי חוֹשֶׁבֶת?

_____

_____

אֹכֶל

עֲנֵה:  כְּתֹב:

1. שִׁירִי יְכוֹלָה לֶאֱכֹל אֹכֶל שֶׁל חַיּוֹת,
אֲבָל הִיא לֹא יְכוֹלָה לֶאֱכֹל אֶת הָאֹכֶל שֶׁל סַבְתָּא.

2. שִׁירִי אוֹהֶבֶת לֶאֱכֹל _____ שֶׁל חַיּוֹת,
אֲבָל הִיא לֹא אוֹהֶבֶת לֶאֱכֹל אֶת הָ_____ שֶׁל הַדּוֹדָה שָׂרָה.

3. דָּנִי רוֹצֶה לֶאֱכֹל אֶת הָ_____ שֶׁל סַבְתָּא,
אֲבָל שִׁירִי לֹא _____ לֶאֱכֹל אֶת הָ_____ שֶׁל סַבְתָּא.

4. דָּנִי אוֹהֵב לֶאֱכֹל _____ חַם,
אֲבָל שִׁירִי לֹא _____ לֶאֱכֹל _____ חַם.

5. הַמִּשְׁפָּחָה רוֹצָה לֶאֱכֹל _____ מִן הַשֻּׁלְחָן,
אֲבָל שִׁירִי _____ לֶאֱכֹל _____ מִן הָרִצְפָּה.

6. הַיְלָדִים אוֹמְרִים: הָ_____ בַּבַּיִת טוֹב,
אֲבָל שִׁירִי _____ הָ_____ בַּחַוָּה טוֹב.

סֵדֶר: 124③

( ) שִׁירִי מְשַׂחֶקֶת עִם הַיְלָדִים בְּיוֹם שֵׁנִי.

( ) הַדּוֹד מֹשֶׁה אוֹמֵר: אֲנִי יָכוֹל לִבְנוֹת בַּיִת עַל הָהָר.

(1) בְּיוֹם רִאשׁוֹן - שִׁירִי רוֹאָה חַיּוֹת.

( ) שִׁירִי עוֹזֶרֶת לַדּוֹד מֹשֶׁה בְּיוֹם שְׁלִישִׁי.

( ) דָּנִי, אֲרִיאֵל וְשִׁירִי עוֹמְדִים עַל הָהָר. הֵם רוֹאִים אֶת הַחַוָּה.

( ) שִׁירִי מְשַׂחֶקֶת עִם הַחַיּוֹת.

( ) הַדּוֹד מֹשֶׁה שָׁם אֹכֶל עַל הַגַּב שֶׁל שִׁירִי.

כְּתֹב:

1. בְּיוֹם רִאשׁוֹן - שִׁירִי רוֹאָה חַיּוֹת.

_____

.2 _____

.3 _____

.4 _____

.5 _____

.6 _____

.7 _____

עֲנֵה:  כְּתֹב:

1. מָה רוֹאָה שִׁירִי בַּחֲוָה בְּיוֹם רִאשׁוֹן?
   _____
   א. _____
   _____
   ב. _____

2. מָה עוֹשָׂה שִׁירִי עִם הַחַיּוֹת בְּיוֹם רִאשׁוֹן?
   _____
   א. _____
   _____
   ב. _____

3. מָה עוֹשָׂה שִׁירִי בְּיוֹם שֵׁנִי?
   _____

4. עַל־יַד מַה שִׁירִי וְהַיְלָדִים מְשַׂחֲקִים?
   _____

5. עַל מַה שִׁירִי וְהַיְלָדִים עוֹלִים?
   _____

6. מִי עוֹמֵד עַל הָהָר?
   _____

7. מִי מִתְגַּלְגֵּל אֶל הַמַּיִם?
   _____

8. מָה עוֹשָׂה שִׁירִי בְּיוֹם שְׁלִישִׁי?
   _____

9. מַה חוֹשֵׁב הַדּוֹד מֹשֶׁה?
   _____

10. מַה שׁוֹאֵל הַדּוֹד מֹשֶׁה אֶת שִׁירִי?
    _____

בּוֹנוֹת	בּוֹנִים	בּוֹנָה	בּוֹנֶה

עֲנֵה: כְּתֹב:

מִי בּוֹנֶה אֶת הַבַּיִת שֶׁל שִׁירִי?

1. הַדּוֹד מֹשֶׁה בּוֹנֶה אֶת הַבַּיִת שֶׁל שִׁירִי.

2. אִמָּא וְאַבָּא

3. דָּנִי

4. הַדּוֹדָה שָׂרָה

5. הַיְּלָדִים

6. אִמָּא וְהַדּוֹדָה שָׂרָה

שָׁלָה   שָׁלוֹ

כְּתֹב: **הַשְׁלֵם:** 🕐   **בְּחַר:** ❓

שָׁלָה / שָׁלוֹ	1. דָּנִי נוֹתֵן אֶת הָעִפָּרוֹן לְשָׂרָה, כִּי הָעִפָּרוֹן <u>שָׁלָה</u>.
שָׁלָה / שָׁלָנוּ	2. הוּא נוֹתֵן אֶת הַסֵּפֶר לַמּוֹרָה, כִּי הַסֵּפֶר _____
שָׁלוֹ / שֶׁלִּי	3. אֲנִי רוֹצָה אֶת הַבַּלּוֹן, כִּי הַבַּלּוֹן _____
שָׁלָנוּ / שֶׁלָּךְ	4. אֲנַחְנוּ רוֹצִים אֶת שִׁירִי בַּכִּתָּה, כִּי הִיא _____
שֶׁלָּךְ / שָׁלוֹ	5. אִמָּא נוֹתֶנֶת חָלָב לַתִּינוֹק, כִּי הֶחָלָב _____
שֶׁלָּךְ / שָׁלָנוּ	6. אֲנַחְנוּ צוֹבְעִים אֶת הַבַּיִת, כִּי הַבַּיִת _____
שֶׁלָּךְ / שָׁלָה	7. שִׁירִי פּוֹתַחַת אֶת הַדֶּלֶת, כִּי הַדֶּלֶת _____
שֶׁלִּי / שָׁלָה	8. אֲרִיאֵל נוֹתֵן אֶת הַצְּבָעִים לְנָעֳמִי, כִּי הַצְּבָעִים _____
שָׁלָנוּ / שָׁלוֹ	9. רוֹנִית נוֹתֶנֶת אֶת הַיַּלְקוּט לְדָנִי, כִּי הַיַּלְקוּט _____
שָׁלוֹ / שֶׁלָּךְ	10. מֵאִיר רוֹצֶה לִישׁוֹן בַּמִּטָּה הַזֹּאת, כִּי הַמִּטָּה _____
שֶׁלָּךְ / שָׁלָנוּ	11. אֲנַחְנוּ רוֹצִים לְשַׂחֵק עִם כַּדּוּר, כִּי הַכַּדּוּר _____
שָׁלָה / שָׁלוֹ	12. שִׁירִי לֹא רוֹצָה לֶאֱכֹל אֶת הָאֹכֶל שֶׁל סַבְתָּא, הִיא רוֹצָה לֶאֱכֹל אֶת הָאֹכֶל _____

עֲנֵה: 🙋 כְּתֹב:

1. מַה שִׁירִי אוֹמֶרֶת בְּיוֹם רִאשׁוֹן?

_____

אוּ-לָה-לָה, _____

_____

_____

2. מַה שִׁירִי אוֹמֶרֶת בְּיוֹם שֵׁנִי?

_____

אוּ-לָה-לָה, _____

_____

_____

3. מַה שִׁירִי אוֹמֶרֶת בְּיוֹם שְׁלִישִׁי?

_____

אוּ-לָה-לָה, _____

_____

_____

4. מַה שִׁירִי אוֹמֶרֶת בְּיוֹם רְבִיעִי?

_____

אוּ-לָה-לָה, _____

_____

_____

5. מַה שִׁירִי אוֹמֶרֶת בְּיוֹם חֲמִישִׁי?

_____

אוּ-לָה-לָה, _____

_____

_____

שַׁבָּת

הַשְׁלֵם: 🕐   כְּתֹב: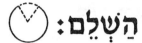

1. רָחֵל שָׂמָה _____ _____ עַל הַשֻּׁלְחָן.
2. דָּנִי _____ _____ עַל הַשֻּׁלְחָן.
3. מֵאִיר _____ _____ עַל הַשֻּׁלְחָן.
4. שִׁירִי _____ _____ עַל הַשֻּׁלְחָן.

צַיֵּר: כְּתֹב:

בְּיוֹם שִׁשִּׁי שִׁירִי וְהַיְלָדִים עוֹזְרִים לַדּוֹדָה שָׂרָה.

הֵם שָׂמִים עַל הַשֻּׁלְחָן: _____ _____
_____ _____

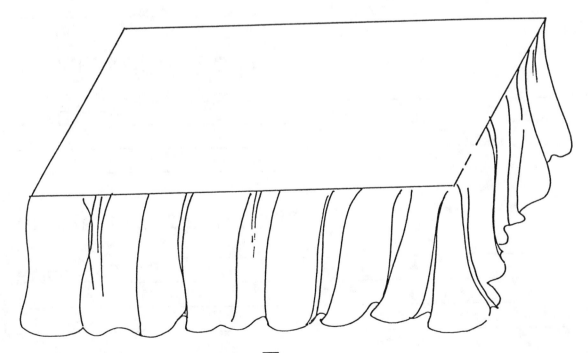

 יוֹם שִׁשִּׁי וְשַׁבָּת בַּחַוָּה 30

עֲנֵה:  כְּתֹב:

1. מִי עוֹזֵר לַדּוֹדָה שָׂרָה בְּיוֹם שִׁשִּׁי?
   _____

2. מִי בָּא אֶל הַשֻּׁלְחָן?
   _____

3. מִי אוֹמֵר אֶת הַבְּרָכָה עַל הַנֵּרוֹת?
   _____

4. מִי אוֹמֵר אֶת הַבְּרָכָה עַל הַיַּיִן?
   _____

5. מִי אוֹמֵר אֶת הַבְּרָכָה עַל הַחַלָּה?
   _____

6. מִי בָּא אֶל הַבַּיִת שֶׁל שִׁירִי בְּיוֹם שַׁבָּת?
   _____

7. מָה רוֹאֶה דָּנִי?
   _____

8. מַה שׁוֹאֵל דָּנִי?
   _____

9. מָה עוֹנָה שִׁירִי?
   _____

10. עַל מַה חוֹשֶׁבֶת שִׁירִי?
    _____

11. עִם מִי דָּנִי צָרִיךְ לָגוּר?
    _____

12. לָמָּה שִׁירִי שְׂמֵחָה עַכְשָׁו?
    _____

חֲזָרָה

בְּחַר: כְּתֹב מִשְׁפָּט: צַיֵּר:

בְּיוֹם רִאשׁוֹן	בְּיוֹם שֵׁנִי
בְּיוֹם שְׁלִישִׁי	בְּיוֹם רְבִיעִי

אֲרִיאֵל וְדָנִי יוֹשְׁבִים בַּמַּיִם וְצוֹחֲקִים.
הַדּוֹד מֹשֶׁה שָׁם אֹכֶל עַל הַגַּב שֶׁל שִׁירִי.
הַדּוֹד מֹשֶׁה בּוֹנֶה אֶת הַבַּיִת שֶׁל שִׁירִי עִם אַבָּא שֶׁל דָּנִי.
שִׁירִי רוֹאָה מַיִם עַל-יַד הַחַיּוֹת.

חֲזָרָה

בְּיוֹם חֲמִישִׁי

בְּיוֹם שִׁשִּׁי

בְּיוֹם שַׁבָּת

דָּנִי רוֹאֶה שֶׁשִּׁירִי יוֹשֶׁבֶת בְּשֶׁקֶט.
הַיְלָדִים עוֹזְרִים לְדוֹדָה שָׂרָה.
אַבָּא, אִמָּא, הַדּוֹד, הַדּוֹדָה וְהַיְלָדִים צוֹבְעִים אֶת הַבַּיִת שֶׁל שִׁירִי.

חֲזָרָה

צַיֵּר:

שִׁירִי בַּבַּיִת שֶׁלָּהּ בַּחַוָּה

כְּתֹב:

עֲנֵה:

מָה שִׁירִי חוֹשֶׁבֶת?

_____

_____

_____

_____

_____

_____

_____

חֲזָרָה

דָּנִי בַּבַּיִת שֶׁלּוֹ

כְּתֹב:

עֲנֵה:

מַה דָּנִי חוֹשֵׁב?

יֵשׁ לָנוּ לָמָה

כְּתַב:  אֶל

C.E.S. - J.D.S.
1901 E. Jefferson St.
Rockville, MD 20852

מָה אַתְּ חוֹשֶׁבֶת

מָה אַתָּה חוֹשֵׁב

עַל הַסֵּפֶר יֵשׁ לָנוּ לָמָה?